GOODBYE
STRESS

STRESSLESS

굿바이 스트레스

스트레스에서 벗어나 몸과 마음의 균형을 회복하는 방법

매튜 존스톤 외 지음 | 강유리 옮김

채정호(정신과 전문의) 감수

생각속의집

"당신이 무너지는 것은 짊어진 짐 때문이 아니라

그 짐을 지는 방식 때문이다."

"마음챙김은 스트레스에 지친
몸과 마음을 회복시켜주는 마법과 같다."

마음챙김으로
하루의 스트레스를 씻어내라

한국인이 가장 많이 사용하는 외래어가 '스트레스'라고 한다. 그만큼 현대인들에게 가장 큰 고민이 바로 '스트레스'라고 할 수 있다. 어쩌면 살아 있다는 것 자체가 곧 스트레스를 받는다는 의미인지도 모른다. 조금 더 과장을 보태자면, 스트레스는 인간을 구성하는 하나의 요소라고 할 수 있다. 인류 초기에 스트레스는 육식 동물이나 약탈자 등의 위협이나 공격을 피하는 데 도움을 주었다. 현대 사회에서도 약간의 스트레스는 인간에게 유익하게 작용한다. 그러나 '투머치'한 스트레스는 해로울 뿐만 아니라, 우리의 일상생활을 망가뜨려서 전반적인 삶의 질을 떨어뜨린다.

불행히도 우리가 일상에서 받는 스트레스를 피하거나 실질적으로 삭제하는 것은 거의 불가능에 가깝다. 스트레스는 항상 지니고 다니는 물건과도 같기 때문이다. 끝이 보이지 않는 업무, 부족한 시간, 재정적 어려움, 가족을 포함한 인간관계의 갈등 등 누구나 겪고 있는 스트레스 유발 요인은 변하지 않고 우리를 괴롭히고 있다.

그렇다면 이제부터 스트레스에 대한 다른 태도와 관점이 필요하다. 스트레스를 유발하는 것들을 바꿀 수 없다면, 스트레스를 대하는 방식을 바꿔야 하지 않을까? 어떤 식으로든 위협을 받거나 위험에 처할 때, 우리의 몸과 마음은 그에 따라 반응한다. 우리의 뇌는 실제로 생명의 위험에 처하지 않더라도 많은 것을 '위협'으로 인식하며, 특히 '스트레스'는 모든 위협의 출발점이 된다. 그러나 우리가 스트레스를 적절한 방식으로 받아들이고 활용할 수 있다면 '스트레스'는 삶의 좋은 나침반이 되어줄 수 있다.

과거도 미래도 아닌, 지금 이 순간에 귀 기울이기

이 책은 스트레스에 슬기롭게 대처하는 방법을 보여준다. 스트레스의 원인부터 짚어보면서 스트레스를 받았을 때 우리 몸과 마음의 변화를 알려주고, 여기에 운동, 식사관리, 디지털 디톡스, 마음챙김 등 스트레스 완화에 도움이 되는 다양한 방법을 소개한다. 저자는 스트레스를 제거하거나 없애는 것이 아니라, 긍정적으로 활용하라고 말한다. 이를 위해 특히 마음챙김(Mindfulness)을 강조한다.

최근 10년 사이에 마음치유 방법으로 가장 뜨거운 관심을 받고 있는 것이 바로 마음챙김이다. 거의 모든 치료 방법과 스트레스 관리 방법에 마음챙김이 들어간다. 마음챙김은 한마디로 마법임에 틀림없다. 마음챙김의 강점은 누구나 언제, 어디서라도 바로 할 수 있다는 것이다. 지금 바로 해볼 수 있다. 당신 앞에 종이 한 장이 놓여 있다고 가정해보자. 종이 위에 '있다'라는 두 글자가 쓰여 있다. 이제부터 '다'라는 글자를 가만히 바라보자. 마치 처음 보는 모양인 것처럼 주위를 기울여서 바라보자. 그러면 이상한 네모가 채 닫히지 않은 것처럼 보이기도 한다. 그럴 때는 판단 없이 그냥 바라보기만 하자. 찬찬히 보고 있으면 "지금 뭐하는 거지?" 하는 생각이 들지도 모른다. 그럼 그냥 그런 생각이 들고 있다는 것만 알아차려라. 그리고 다시 돌아와서 그 모양을 집중해서 바라보자. 아무것도 판단하지 말고 순수하게 있는 그대로 바라보자. 이것이 바로 마음챙김이다. 그런데 이것이 어떻게 스트레스 관리에 도움이 되는 것일까? 우리는 누구나 세상을 바라보는 자신의 생각과 감정으로 인해 어려움을 겪는다. 살면서 얻은 경험과 굳어진 생각이 쌓여서 나를 괴롭힌다. 과거의 잘못을 후회하거나, 앞으로 벌어질 일을 두려워하고 걱정한다. 또 나를 힘들게 한 사람 때문에 괴롭다. 그러다가 문득, 자신의 마음을 들여다보면 온갖 부정적인 생각과 감정이 올라와서 고통스럽기 짝이 없다.

마음챙김은 이렇게 불안과 우울, 분노 등 부정적인 감정으로 가득 찬 상태를 비우고, 지금 이 순간 느껴지는 감각에 주의를 기울여 본연의 나로 돌아올 수 있게 해준다. 현재 마음을 가득 채우고 있는 감정이나 생각의 노예가 되지 않고, 나 자신을 있는 그대로 바라보는 것이다. 과거나 미래로 달려가던 마음을 멈추고 바로 이 순간의 경험에 초점을 맞추다보면 목을 조르는 것 같던 스트레스로부터 멀어질 수 있다.

우리 누구도 스트레스로부터 자유롭지 못하다. 요즘은 '코로나 블루'라는 신조어가 생겨났을 만큼 사회 전반이 각종 '스트레스'로 고통을 받고 있다. 코로나19 확산으로 인해 일상에 큰 변화가 닥치면서 우울감이나 불안감, 그리고 무기력증을 호소하는 사람들도 많아졌다. 이렇듯 매일 스트레스에 지쳐가는 분들에게 마음챙김을 제안한다. 이 책에서 말하듯 마음챙김을 매일 보약처럼 실천하기를 바란다. 하루 단 5분으로도 충분하다. 그러다 시간이 조금씩 길어지고 마음챙김이 일상의 루틴으로 자리를 잡게 되면 그동안 무너졌던 몸과 마음의 균형을 찾아갈 수 있다. 그러면 분명 당신의 하루가 활기 있는 시간으로 변할 것이다. 그래서 마음챙김은 마법 같은 선물이다.

채 정 호
가톨릭의대 정신건강의학과 교수
긍정학교 교장

"스트레스가 당신을 죽이는 것이 아니라
스트레스에 대한 잘못된 반응이 당신을 죽인다."

스트레스와 싸우지 말고
함께 춤춰라

현대 질병의 가장 큰 원인으로 스트레스가 지목되기 전, 1936년에 스트레스 연구의 대가 한스 셀리에는 스트레스를 '변화의 요구에 대해 몸이 나타내는 비특이적 반응'으로 정의했다. 나중에 그는 '몸이 소모되는 속도'로 그 정의를 바꾸었는데, 나는 후자가 스트레스를 받을 때 우리가 받는 느낌, 즉 피곤하고 늙고 지친 느낌을 더 잘 반영한 정의라고 생각한다.

먼저, 고약한 통계부터 살펴보자. 스트레스는 거의 모든 주요 질병과 6대 주요 사망 원인 가운데 심장병, 암, 뇌졸중, 하기도질환, 교통사고 이 5가지에서 가장 중요한 촉발 요인으로 여겨진다. 보고서에 따라 다르지만 1차 진료를 찾는 원인의 75~90퍼센트가 스트레스 때문이다. 세계보건기구(WHO)는 2030년이면 우울과 불안 등 스트레스 관련 정신 질환이 지금보다 더 만연해질 것이며, 세계 1위 질병으로 스트레스가 심장병을 앞지를 것으로 예측한다. 섬뜩하지 않은가?

스트레스가 이렇게 나쁘다면 그냥 멀리 하면 그만이다! 하지만 안타깝게도 연구 결과에 의하면 5대 스트레스 요인(스트레스를 유발하는 원인)은 금전 문제를 비롯하여 자신의 건강, 인간관계, 건강한 생활방식, 사랑하는 사람들의 건강 등의 문제로 나타났다. 누가 여기에서 자유로울 수 있겠는가?

연구원들은 또한 스트레스를 많이 받을수록 스트레스 경로(stress pathway, 뇌 안에서 연결된 세포들의 특정한 조합)가 자주 활성화되고, 별로 도움이 되지 않는 생각과 행동으로 반응할 가능성이 커져서 결국 스트레스가 더 높아진다는 사실을 알아냈다. 장기적으로 스트레스 경로는 활성화가 될수록 더 강력해진다는 의미다. 점점 더 낮은 단계의 사건에 의해 스트레스 경로가 자극되어(민감화sensitization라고 함), 굳이 그럴 필요가 없는 순간에도 스트레스가 시작된다는 것이다. 우리는 이런 현상을 주위에서 자주 목격한다. 버스를 놓치거나 커피를 엎지르거나 줄이 길다는 이유로 과도하게 성질을 부리는 사람들 말이다. 스트레스를 촉발하는 사건 자체는 별일 아니지만, 거기에 대처해야 하는 입장에서는 그런 사건들이 쌓이면 결국 감당하기 어려운 상태가 되어버린다.

스트레스, 예민한 친구를 대하듯 다루기

그렇다면 어떻게 스트레스를 다루어야 할까. 스트레스를 삶의 불가피한 일부분으로 받아들이는 태도가 중요하다. 없애려고 애쓰려고 할 것이 아니라 예민한 친구를 대하듯 잘 다루어야 한다는 것이다. 스트레스를 물이 새지 않는 수도꼭지처럼 완벽하게 잠글 수 없다는 것을 인정한다면 그것을 관리하는 방법부터 배워야 한다. 스트레스는 얼마든지 관리할 수 있다! 이 책이 그 지혜로운 방법을 알려줄 것이다. 이 책을 활용할 때 유의해야 할 점은 간단하다. 마음의 소리에만 귀 기울이지 마라. 모든 것을 직접 시도해보고 자신에게 효과 있는 방법을 찾아내고 활용하라. 지금부터 당신은 스트레스와 새로운 관계를 만들기 위해 최적의 방법들을 사용해보라. 아무리 힘들어도 스트레스는 당신과 평생 이어질 수밖에 없는 숙명의 관계이다.

마지막으로 이 책에 소개된 모든 방법은 의학적 검증을 거쳤으니 안심해도 좋다. 기법 하나하나 모두 유용하지만 직접 시도해보기 전까지는 어느 방법이 당신에게 효과적인지는 누구도 알 수 없다. 트럭 운전사들이 긴 하루의 주행을 마친 후 구름 위를 둥둥 떠다니는 자신의 모습을 떠올리면서 휴식을 취하는 걸 얼마나 즐거워하는지 당신은 모를 것이다. 어디까지나 이 책은 읽기에만 그치는 것이 아니라 실천을 위한 책이다. 이 책이 당신의 삶에 드라마틱한 변화를 가져다주기 위해서 한 가지 제안한다. 이 책을 읽는 동안 노트 한 권을 준비해두고, 공감이 가거나 영감을 주는 아이디어를 기록하라. 종이에 적어놓는 순간, 실제로 행동에 옮길 가능성이 높아진다.

그럼, 스트레스와 춤추는 인생을 위하여 건배! 어떤 순간이든 자신을 믿고 유연하게 대처하기를. 당신 자신은 노력을 들일 만큼 충분히 가치 있는 존재이고, 미래의 당신은 그런 노력을 들인 지금의 당신에게 고마워할 것이다.

각별한 당부 : 지금 당신이 극심한 스트레스 상태에 놓여 있다면 주저하지 말고 손을 내밀어라. 믿을 만한 누군가와 대화를 시작하라. 신뢰할 만하고 안전한 사람이라면 누구라도 좋다. 혼자 견뎌야 한다고 생각하지 마라. 나쁜 기분으로 하루를 낭비하기에 당신의 인생은 너무나 짧고 소중하다.

① STRESSLESS 스트레스 없는 나

② MINDLESS 정신에 휘둘리지 않는 나

③ FEARLESS 두려움 없는 나

1 STRESS**LESS**

스트레스 없는 나

- 스트레스를 추적하고 관리하는 방법
- 스트레스의 신호와 증상을 알아채는 방법

우리는 왜 스트레스를 받을까?

스트레스는 인간의 신체적·정신적·감정적 소모를 일으키는 모든 요인을 가리킨다. 스트레스는 정상적인 삶의 일부이며, 적절한 수준의 스트레스는 사실 이로운 면도 있다. 일을 잘 해내고 싶은 의욕을 불러일으키고 활력을 유지해주기 때문이다.

예를 들어 결과에 대한 약간의 스트레스가 없다면 당신은 시험공부를 그렇게 열심히 하지 않을 것이고, 회의 발표 준비도 꼼꼼히 하지 않을 것이다. 스탠퍼드대학의 켈리 맥고니걸 박사와 동료들에 따르면 스트레스 자체가 아니라 스트레스에 대해 생각하는 방식이 우리에게 영향을 끼친다고 한다. 그들의 연구결과에 따르면 스트레스가 나쁘다고 생각하면 실제로 나쁜 것으로 드러났다.

스트레스의 진화

(실제 위협이든 아니든) 위협을 느끼면 우리의 교감신경계는 '투쟁-도주 반응(Fight-or-Flight Response)'으로 알려진 일련의 생리학적 증상을 일으킨다. 이것은 수많은 포식자를 피해야 했던 인류 초기의 생존에 중요한 역할을 했다. 주변에 포식자가 나타나면 뇌의 경보 시스템은 미리 프로그램화된 물리적 탈출 계획을 자동으로 활성화해 살아남을 수 있도록 도와주었다.

이 반응은 오늘날에도 여전히 남아 있다. 심장박동을 빨리해 팔과 다리로 혈액을 보내고, 깊은 심호흡으로 근육에 더 많은 산소를 보내며, 땀을 더 흘려서 열 손실을 촉진하고, 소화와 같은 덜 중요한 기능을 둔화시킨다. 또 동공을 열어 더 집중하게 하고, 아드레날린과 코르티솔 수치를 높여서 어떤 행동을 준비시키는 것이다. 이런 식으로 우리는 마주하는 위협의 종류에 따라 도망치거나 그 자리에 남아 싸울 준비를 하게 된다.

문제는 실제로 생명을 위협하는 위험 요소가 아닌데도 우리의 경보 시스템이 '위협'을 너무 많이 감지한다는 점이다. 업무 마감일, 동료와의 말다툼처럼 일상의 작은 스트레스도 위협으로 인식한다. 물리적 위험 상황이 아니지만 우리 몸이 마치 위험 상황에 빠진 것처럼 반응한다는 점에서 이것은 거짓 경보와 다름없다. 스트레스 반응의 일부로 뇌가 당장의 위협에만 초점을 맞추는 가운데, 뇌의 이성적인 부위는 느슨해진다. 이것은 큰 그림을 놓친다는 의미이고, 결국 차분함을 유지하고 논리적으로 사고하고, 분별 있게 문제를 해결하는 능력에 영향을 미치게 된다.

무엇보다 스트레스를 줄이려면 투쟁-도주 반응의 정반대를 활성화해야 한다. 바로 부교감신경계가 주도하는 '휴식-회복 반응(Rest-Recuperation Response)'이다.

스트레스 알아차리기

아래의 증상 목록을 꼼꼼히 살펴보고 당신이 이 중에서 하나 혹은 여러 증상을 자주 경험하는지 솔직히 평가해보라. 이 작업을 통해 조치가 가장 시급한 순간을 파악할 수 있다. 노트를 꺼내 자신에게 해당하는 증상을 적어보라. 알아차리기는 스트레스를 넘어서기 위한 중요한 첫 단계다.

신체적 증상	정신적 증상	사회적 증상
· 근육 긴장(예 목이나 어깨) · 두통 · 잠들기 또는 수면 유지가 어렵거나 새벽에 자주 깸 · 피로감 · 심장이 빠르게 뜀 · 가쁜 호흡 · 기운 없음 · 입맛이 떨어지거나 과식함 · 이를 갈음 · 구역감이 들거나 속이 불편함	· 초점을 맞추거나 집중하기 어려움 · 과제를 시작하거나 끝맺을 수 없음 · 결정을 내리기 어려워함 · 최악의 시나리오를 자주 생각함 · 반추 : 해결책보다 문제에 자꾸 골몰함 · 평소보다 예민하거나 짜증스럽거나 퉁명스러움 · 공과금 납부처럼 할 일을 깜박 잊고 하지 않음	· 사교활동에서 소극적 · 대화에 집중하지 못함 · 다른 사람들을 피함(예 회의나 친목 모임 취소) · 집에만 있고 바깥세상으로부터 숨고 싶어 함 · 친구들을 덜 만남

행동적 증상		감정적 증상
· 다른 사람들에게 퉁명스럽게 대꾸함 · 식사를 자주 거름 · 몸에 좋지 않은 음식을 평소보다 많이 먹음(예 초콜릿, 감자튀김, 단 음료) · 대화 중 남의 말을 끊음 · 동료들을 피함 · 사소한 일로 쉽게 짜증을 부림 · 운전 중 분노 폭발 · 할 일 목록이 점점 길어짐 · 일거리를 집에 가져감	· 주말에도 일을 함 · 피곤을 호소함 · 휴식을 취하는 빈도가 잦아짐 · 평소보다 실수를 더 많이 함 · 마감이나 회의를 깜박함 · 병가가 늘어남 · 소셜미디어를 통해 현실을 회피함 · 알코올 섭취가 늘어남	· 눈물을 쏟거나 예민해짐 · 짜증이나 화를 잘 냄 · 마음이 울적하거나 무기력함 · 불안하거나 신경이 곤두서 있음

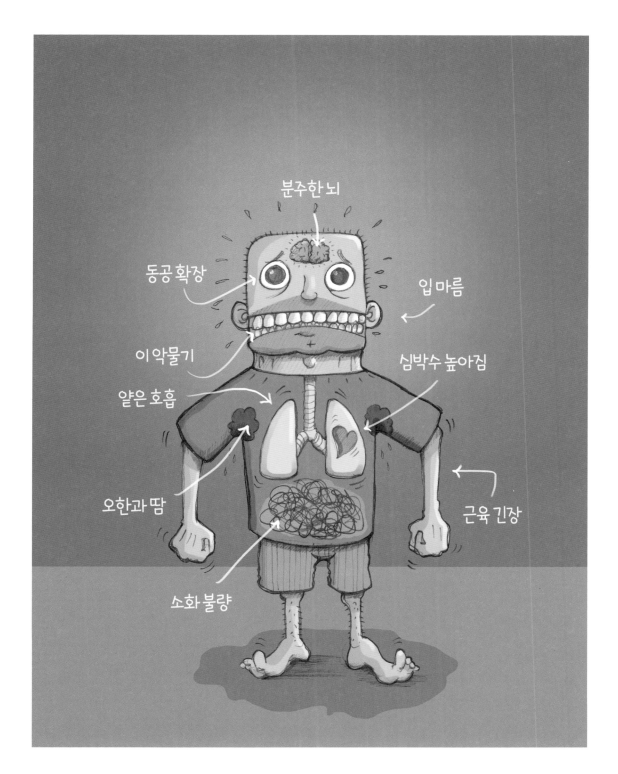

분주한 뇌

동공 확장

입 마름

이 악물기

심박수 높아짐

얕은 호흡

오한과 땀

근육 긴장

소화 불량

갈수록 스트레스가 심해지는 이유

우리는 어쩌다가 스트레스를 그냥 감수하며 살게 된 걸까? 지금 우리가 살아가는 방식은 우리의 생명을 위협하고 있다. 역사상 우리가 가장 안전하고 풍족한 사회에서 살고 있다는 사실을 생각해보면 정말 믿기 어려운 이야기다.

당신은 왜 바쁜가?

그뿐 아니라 컴퓨터 자동화로 생활이 더 간편해졌고, 전 세계의 연결성이 높아져 관계를 유지하기가 더 쉬워졌으며, 선택의 폭도 다양해졌다. 더 편리한 대중교통, 더 큰 텔레비전, 더 똑똑한 휴대전화까지 갖게 되었다. 그런데도 우리는 갈수록 점점 더 많은 스트레스에 시달리고 있고, 이로 인해 행복하지 못한 하루하루를 보내고 있다. 도대체 무엇이 잘못된 걸까?

이쯤에서 우리는 잠시 바쁜 일상을 멈추고 곰곰이 생각해야 한다. '나는 왜 이렇게 바쁘게 살고 있는가?' 다음 항목 중 무엇이 당신의 스트레스를 더 무겁게 만들고 있는지 살펴보자.

- 디지털 기술의 발전으로 더 많은 친구들과 '연결' 되었지만, 관계의 밀도와 공동체의 유대는 약해졌다. 진화심리학에 따르면 사람 간의 접촉과 가족 관계는 불안을 낮추고 안정감을 주는 것으로 나타나지만, 우리는 바로 다음의 이유로 이 사실을 무시할 때가 많다.
- 돈, 명예, 이미지와 같은 외적 목표에 더 관심을 쏟는다. 이는 불안 및 우울을 높일 수 있다.
- 전보다 훨씬 더 많은 정보를 받아들이는 과정에서 불필요한 걱정을 유발한다. 우리는 두려움을 이용하는 문화 속에 살고 있다. 예를 들어 지구 온난화, 테러, 비틀거리는 경제문제, 불공정과 사회 불의, 편견과 혐오 등을 경고하는 뉴스가 끊임없이 들려온다.
- 불편한 감정에 발버둥 치고 맞서 싸운다. 아니면 긴장 상황을 회피하고, 불편한 기분이 마치 실제로 나를 죽이기라도 할 것처럼 관심을 딴 데로 돌리거나 무감각해지려고 애쓴다.
- 원하는 것은 무엇이든 될 수 있다고 강조하는 사회 분위기가 자신에 대한 기대치를 과도하게 높인다. 이 때문에 당신은 더 대단한 성과를 내야 하고, 더 많은 일을 해야 한다는 압박을 느낀다.

> "스트레스는 '여기' 있으면서 '거기' 있기를 바라기 때문에 생긴다."
>
> 에크하르트 톨레(세계적인 영적 지도자)

스트레스의 다양한 모습들

지금 당신에게 가장 큰 스트레스를 유발하는 것은 무엇인가? 우선, 다양한 삶의 영역을 살펴보자. 그래야 스트레스에 대한 대처가 필요할 때 대상을 좀 더 명확하게 파악할 수 있다.

금전 **스트레스**

아무리 애를 써도 결코 형편이 나아지지 않을 것 같은가? 혹시 매달 신용카드를 돌려막으면서 생활하고 있는가? 복권을 구입한 적이 있는가? 혹은 집안 식구 중 누군가의 도움을 기다리고 있는가?

업무 **스트레스**

당신에 대한 남들의 기대치와 당신이 달성할 수 있다고 믿는 성과에 너무 큰 격차가 있는가? 시간관리와 미루는 습관 때문에 어려움을 겪고 있는가? 아니면 이기적이거나 자기애에 빠진 동료, 혹은 사소한 일까지 신경 쓰는 상사를 상대해야 하는가? 직장이 안정적이지 못한가?

건강 **스트레스**

먹고 마시는 음식, 수면 부족, 혹은 건강하지 못한 다른 생활습관이 걱정되는가? 운동을 해야 한다는 걸 알지만 좀처럼 하기 어려운 상황인가? 바쁜 직장 생활 때문에 운동을 포기할 수밖에 없는가?

사람 **스트레스**

주변 사람들과 불화가 있는가? 당신을 힘들게 하는 사람이 있는가? 당신의 선의를 악용하는 사람들에 둘러싸여 있는가? 많은 시간을 혼자 보내는가? 진화론적 관점에서 혼자 사는 사람은 지켜봐줄 누군가가 없다면 늘 긴장 상태로 생활하기 쉽다. 다른 사람보다 스트레스 호르몬이 더 높아진다는 뜻이다.

가족 **스트레스**

가장 가깝지만 당신에게 무관심한 사람들과 함께 있을 때 마땅히 누려야 할 기쁨을 누리지 못하고 있는가?

사회적 **스트레스**

'좋아요'를 받기 위해, 공유하기 위해, 항상 멋져 보이기 위해 소셜 미디어에 끊임없이 당신의 에너지를 쓰고 있는가? 과거의 스트레스는 상대를 보지 않으면 잠시 멈추었지만, 이제는 집 안까지, 그리고 밤늦은 시각까지 당신을 따라올 수 있다.

디지털 **스트레스**

인터넷은 너무 많은 정보를 제공하면서 시간과 에너지를 불필요하게 쓰게 한다. 혹시 디지털기기에 너무 많은 시간을 쓰고 있는가? 디지털기기에 중독되어 있을수록 마음의 여유가 없다.

경쟁 **스트레스**

시험에 합격할 수 있을지, 승진할 수 있을지, 직업을 바꿀 수 있을지, 혹은 '가만히 있으면 뒤처진다'는 강박관념에 늘 초조하고 불안한가?

생활변화 스트레스

건강, 실직, 애인이나 배우자, 또는 반려동물과의 이별 등의 문제에서 감당할 수 없는 기분이 드는가?

환경 스트레스

자연을 충분히 누릴 수 없는 곳에서 살고 있는가? 너무 많은 사람과 시끄러운 소음들, 차가운 건물들에 둘러싸여 지낸다면 긴장감을 풀기 어렵다. 우리는 탁 트인 녹색 공간에서 진화해왔다. 햇빛, 꽃과 나무, 반려동물은 몸과 마음의 긴장감을 내려놓는 데 도움이 된다.

미래 스트레스

언젠가는 목표를 달성할 수 있을지, 당신이 전력투구하는 모든 일이 무의미한 건 아닌지, 갑자기 불안하고 걱정되는가?

이 모든 스트레스는 당신의 많은 부분을 다음과 같이 바꿀 수 있다.

- 생각과 행동
- 의욕과 에너지
- 감정과 기분
- 대인관계
- 문제해결 능력
- 전반적인 건강

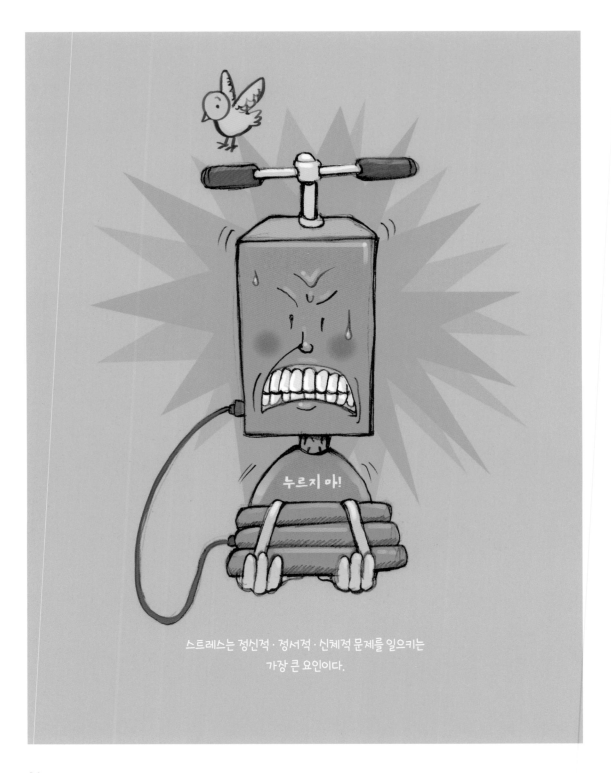

스트레스는 정신적 · 정서적 · 신체적 문제를 일으키는
가장 큰 요인이다.

스트레스를 일으키는 원인들

정신없이 바쁘고 치열하게 하루하루를 살아가는 사람들은 아래의 트리거를 밥 먹듯이 마주할 가능성이 크다. 아래의 트리거는 몇 가지 사건을 동시에 경험하거나 중대한 부정적 사건 한 가지를 예기치 못하게 경험할 경우, 스트레스가 가중되고 당신을 더 큰 위험에 빠뜨릴 수 있다. 당신의 트리거를 노트에 한 번 적어보자. 이를 통해 주의해야 할 부분을 미리 파악해둘 수 있다.

다음 중 당신의 스트레스 수준을 높이는 원인은 무엇인가?

- 생활 스트레스 – 차 고장, 장거리 출퇴근, 약속을 못 지킴
- 중대한 생활 변화 – 이사, 이직, 퇴사
- 업무량, 고용 문제, 장시간 근무
- 상사가 내 업무 성과에 만족하지 않음
- 대인관계 문제
- 신체적 질병 – 감기나 독감, 컨디션 저하
- 건강하지 못한 생활방식 – 운동 부족, 불규칙한 식사, 수면부족, 알코올 또는 약물 사용
- 휴식 부족 – 휴가, 좋아하는 활동 즐기기 못함
- 금전적 어려움 – 청구서, 임대료, 대출금을 낼 수 없음
- 줄을 서거나 또는 사람을 기다림
- 하고 싶은 일을 못하고 있음
- 시간 부족 – 할 일이 너무 많음
- 가족 간의 오래된 불화

- 까다롭거나 소란스러운 이웃
- 자녀 문제 또는 양육 문제
- 화나는 메시지를 받음
- 시간적 압박 또는 지킬 수 없는 마감
- 어떤 행동에 대한 후회
- 누군가가 나에게 화를 냄
- 까다로운 동료 또는 사내 정치
- 교통 체증
- 주차 공간을 찾을 수 없음
- 잦은 지각
- 소음 공해 또는 환경 오염
- 앞날의 불안함
- 관계 문제 – 오해와 갈등, 상처
- 스마트폰 등 디지털기기의 과사용

스트레스 온도계

중요한 팁 : 스트레스를 잘 인지할수록 스트레스를 효과적으로 관리할 수 있다. 여기에 스트레스 온도계 (stress ometer)를 이용하면 도움이 될 것이다.

매일 오전, 오후, 밤 이렇게 하루 세 번씩 노트에 스트레스 측정 점수를 기록하자. 기분에 따라 0부터 10까지 점수를 매긴다. 10은 건드리기만 하면 곧장 닫히는 덫처럼 스트레스를 많이 받은 상태이고, 0은 스르르 잠이 들 정도로 차분한 상태를 말한다. 숫자가 높을수록 스트레스 수준도 높은 것이다.

다음 일주일 동안 이 방법을 사용하여 언제 스트레스 온도계가 활활 타오를 정도로 높은지 파악한다. 이를 통해 언제 스트레스를 잘 통제할 수 있는지, 혹은 언제 스트레스를 받을 위험이 높은지를 알아차릴 수 있다. 또한 일상생활에서 어떤 일들이 스트레스 온도계를 높이는지, 혹은 낮추는지도 한눈에 들어올 것이다. 이런 식으로 당신의 스트레스 흐름을 파악하면 의식적으로 어떤 활동을 더 하거나 줄여야 할지 파악할 수 있고, 스트레스를 관리 가능한 수준으로 유지할 수 있다. 미리 계획할 수 있다면 더 효과적이다. 예를 들어 스트레스를 주는 일이 닥쳐오고 있다면 스트레스 온도를 낮추는 활동을 몇 가지 더 추가하여 스트레스 수준을 미리 떨어뜨려 놓을 수 있다. 이렇게 하면 상황이 정확하게 계획한 대로 흘러가지 않더라도 침착함을 유지할 수 있는 장점이 있다.

물론 트리거를 만났다고 해서 무조건 스트레스를 경험하는 것은 아니다. 트리거를 초대형 스트레스 사건으로 바꾸는 것은 당신이 스트레스에 반응하는 방식이다. 스트레스를 잘 관리하여 당신에게 유리하게 만드는 것은 전적으로 당신의 책임이다. '책임'이라는 단어에 주목하자. '적절하게 반응하는 능력'이라는 의미에서 이 말을 사용한다.

도와줘
엉망진창
형편없음
좋지않음
그럭저럭
좋음
훌륭함

[스트레스에 반응하는 상태]

스트레스 온도계	월	화	수	목	금	토	일
오전	5	8	6				
오후	7	7	5				
밤	3	7					

이 가운데 몇 가지는 즉각적인 위안이나 안도감을 줄지 몰라도 장기적으로는 문제를 일으킬 수 있다. 스트레스 수준을 오히려 높일 수 있는 이런 단기적인 수법을 조심해야 한다. 당신은 영리하게 반응하고, 스트레스를 낮추는 활동을 통해 얼마든지 스트레스 경험을 건강하게 바꿀 수 있다.

스트레스 온도를 낮추는 것들

무엇이 당신의 스트레스 버튼을 누르는지, 스트레스 온도가 오를 때 무엇이 도움이 되는지 잘 이해해야 한다. 당신을 발끈하게 만드는 요인들을 떠올려보고 적어보자. 또, 차분함을 되찾게 해주는 것들도 적어본다. 그것은 사람마다 다르다. 당신을 편안하게 해주는 것을 찾아보라. 나를 아는 것이 힘이다.

수영에서 얻은 교훈

여러 해 전, 바이런 베이에서 새해맞이 행사를 함께 즐긴 두 친구와 나는 킹스 비치 해변의 별빛을 보면서 잠이 들면 근사하겠다는 데 의견이 일치했다. 우리는 곧바로 행동에 들어갔다. 나뭇가지와 방수천으로 간단하게 숙소용 텐트를 세웠다. 그리고 따뜻한 여름 공기 속에 파도 소리를 듣다보니 이내 곧 스르르 잠이 들었다.

새벽 5시쯤, 해가 뜨고 볼일도 해결할 겸 눈을 떴다. 그리고 내 눈앞에는 엽서처럼 완벽한 바다 풍경이 펼쳐졌다. 나는 일행을 푹 자게 놔두고 아침에 수영을 나가기로 했다. 그런데 물에 뛰어든 지 얼마 지나지 않아 아주 거센 이안류를 만났다. 수영 실력이 그리 좋지 않은 나는 순간, 완전히 두려움에 빠졌다. 해변 쪽으로 나오려 했지만 마치 누군가 나를 기둥에 꼼짝하지 못하게 묶어놓은 듯한 느낌이 들었다. 두 팔을 허우적거리며 잠자고 있는 친구들에게 고함을 질러보았지만, 너무 멀어서 내 목소리가 그곳까지 닿지 않았다. 나는 기진맥진해졌고 이내 바닷물을 먹기 시작했다. '아… 꼼짝없이 죽게 생겼구나!' 절박함과 두려움이 동시에 밀려왔다.

해변을 향해 헤엄치는 그 절박한 순간, 겁에 질린 마음 속에 희미한 기억이 떠오르면서 차분한 목소리가 들려왔다. '이안류를 만나면 억지로 헤엄치지 말고 그냥 몸을 맡겨야 한다.' 나는 호흡을 가라앉히고, 몸을 뒤집어 누운 자세로 아침 하늘을 응시했다. 그리고 몸을 파도에 천천히 내맡겼다.

한참을 쓸려가더니, 마침내 이안류가 호를 이루며 해변의 남쪽 끝으로 되돌아왔다. 나는 이안류에서 가볍게 '내려서' 해변까지 헤엄쳐 나왔고, 모래사장 위에 멍하니 누워 방금 벌어진 '일'을 곱씹어 생각해보았다. 그날을 계기로 나는 스트레스 사건에 대처하는 방법도 이안류에 휩쓸렸을 때와 다르지 않다는 걸 깨닫게 되었다.

스트레스는 마치 이안류처럼 당신의 에너지, 명료함, 창의력, 합리성을 빼앗아간다. 문제를 해결할 힘을 고갈시키고, 건강과 행복에 위험을 주기도 한다. 이럴 때, 우리는 사실을 있는 그대로 받아들여야 한다.

'나는 지금 스트레스를 받고 있다. 지금 이 상황은 나에게 도움이 되지 않는다. 마음을 안심시키고, 스트레스를 낮출 수 있는 방법을 찾아보겠다.'

이러한 수용과 전환적인 태도는 스트레스의 힘을 약화시키고, 우리를 고요한 물가로 데려다준다.

이 이야기에서 배울 점
저항할수록 그것은 끈질기게 지속된다.

2 **MIND**LESS
정신에 휘둘리지 않는 나

- 뇌의 유혹에 쉽게 빠지지 않는 방법
- 마음을 진정시키고 스트레스를 낮추는 방법

정신에 속지 않기

2장에서는 뇌의 생물학적 특성, 뇌가 스트레스에 반응하고 대처하는 방식, 그로 인한 행동을 소개한다. 이를 알고 나면 우리가 스트레스를 악화시키는 쪽으로 행동하는 이유를 더 쉽게 이해할 수 있다. 그런 다음 마음챙김으로 스트레스 온도를 낮추는 방법을 살펴볼 것이다.

이번 장에서 나는 정신이 우리의 진정한 자아, 영혼, 인식, 지능(혹은 내면의 본질을 표현할 때 사용하고 싶은 단어라면 무엇이든)과 별개인 것처럼 말할 것이다. 또한 정신은 생각보다 신뢰할 만한 친구가 아니라는 사실도 보여줄 것이다. 스트레스가 나쁜 줄을 알면서도 정신이 우리에게 스트레스를 주는 이유를 잘 이해하기 위해서 먼저 정신의 기능을 살펴봐야 한다.

그럼에도 정신은 우리의 생명을 지켜준다

과거 선사시대에 인간은 날카로운 송곳니를 가진 호랑이처럼 사납지도 않았고, 치타처럼 빠르거나 하마처럼 강하지도 않았다. 그래서 주변의 경쟁 상대를 잘 알아채고 한발 앞서 생각하지 않으면 자칫 한 입 먹잇감밖에 될 수 없었다. 심리학자 러스 해리스 박사는 정신을 '살아남아야 하는 기계'라고 표현하면서 우리를 살아남게 하는 것이 정신의 일차적인 기능이라고 설명한다. 정신은 이 일을 잘 해왔기 때문에(인간이 여전히 잘 살아 있으니까), 우리는 생활 속에서 정신에 점점 더 많은 책임을 부여했다. 그러자 곧 이 멜론 크기의 '독재자'는 '문제가 없는 곳에서' 문제를 만들어내기 시작했다. 동료들 앞에서 말을 해야 할 때 불안감이 들게 하거나, 상사가 내 앞을 지나갈 때 괜히 식은땀이 흐르게 하는 식으로 말이다.

두려움을 느끼는 상태가 계속될수록 정신은 더 큰 힘을 얻게 된다. '저기 가지 마.' 혹은 '그건 하지 마'와 같은 정신의 명령을 당신이 고분고분 잘 따르기 때문이다. 두려움이 커질수록 당신은 더 큰 스트레스를 경험한다. 이것이 지속되면 전적으로 이성에 의지하게 되고, 통찰력이라는 재능은 점점 자리를 잃게 될지 모른다. 그 결과, 산다는 것은 오직 생존만을 위한 것이 되어버린다. 스트레스가 당신이 인생을 바라보는 태도를 완전히 바꿔놓을 수 있다는 의미다.

끊임없이 스트레스를 받고 긴장감을 느끼는 것이 건강에 좋지 않다는 것은 누구나 안다. 그런데도 당신은 왜 정신의 전원 코드를 뽑아버리지 못할까? 그것은 정신이 매혹적인 독재자이기 때문이다. 정신은 우리를 설득해서 무엇이든 하게 만들 수 있다. 또 무슨 수를 써서라도 변화에 저항하게 할 수 있다. 회의실 테이블 가장 높은 자리에 앉아 이렇게 말하는 '정신'이라는 독재자 모습을 그려보라. '자, 이것 좀 보라고. 지금 내가 모든 책임을 맡고 있으니 당신은 안전하잖아. 그러니 아무것도 바꾸지 않겠어!'

정신은 변화를 달가워하지 않을 때가 많다. 하지만 이런 정신에서 벗어나야 할 때가 있다. 이 책에서 정신이 어떤 속임수로 당신을 계속 옭아매고 있는지 간파할 수 있기를 바란다.

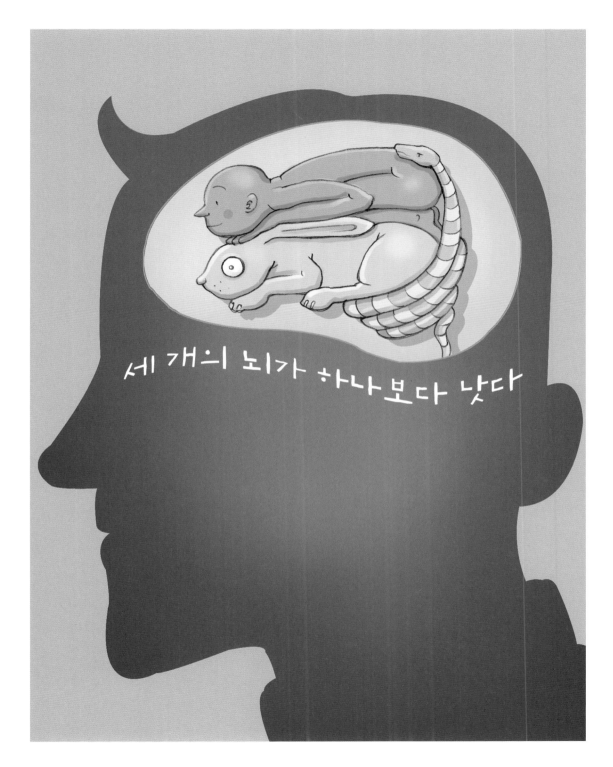

세 개의 뇌가 하나보다 낫다

세 개의 뇌

우리 뇌는 밑바닥에서부터 차곡차곡 진화해왔다. 그래서 동물 사촌들과 공통점이 많다.

❶ 파충류 뇌

가장 아래 단계, 즉 척수가 두개골에 들어오는 부위 바로 위의 뇌간에는 파충류 뇌(Reptilian Brain)가 있다. 파충류 뇌는 태어나는 순간부터 작동하고 여기에서 아기들이 할 수 있는 모든 행동을 관장한다. 이를테면 배고픔, 통증, 온도를 감지하고 느낀다. 또한 파충류 뇌 덕분에 우리는 울고 먹고 자고 하며 대소변을 볼 수 있다. 이 모두 자동으로 이루어져야 하는 기본적인 생명유지의 기능이다. 뇌간과 시상 하부는 심장과 폐를 관장하며, 그래서 우리는 생명이 시작되는 순간부터 항상성이라는 내적 안정 상태를 유지할 수 있다.

❷ 포유류 뇌

그보다 높은 다음 단계는 포유류 뇌(Mammalian Brain, 변연계라고도 함)로 학습과 감정의 중추이다. 포유류 뇌의 역할은 위험 요소를 파악하기 위해 주변 환경을 살피고, 좋은 일과 나쁜 일을 판단하고, 중요한 정보와 무시해도 좋을 정보를 결정한다.

뇌의 이 부위는 경험과 행동으로 형성된다. 경험을 통해 학습하고 변화하는 이 능력(신경가소성Neuro-plasticity)은 생후 6년 동안 중요한 역할을 한다. 여러 가지 새로운 경험을 하고 뇌 안에 연관성 혹은 경로를 가장 많이 만드는 시기이기 때문이다. 만약 이 시기에 특정 경로가 반복적으로 활성화될 경우(예를 들어 어려운 상황을 만나면 포기하고 동작을 멈춤 – 무력함)

그것이 기본적인 작동방식이 되어서 지속적인 문제를 일으킬 수 있다.

이 두 개의 뇌(파충류 뇌와 포유류 뇌)는 이른바 감정의 뇌(Emotional Brain)를 구성한다. 우리가 느끼는 모든 감정과 기능하는 방식, 환경에 반응하는 방식을 조절하는 중추신경계의 핵심 요소이다. 감정의 뇌는 일차적으로 안전을 책임지고, 우리가 무사히 생식연령에 이르러 유전자를 전달할 수 있도록 노력한다. 심지어 잠재 파트너가 주위에 있을 때 상대를 알아볼 수 있도록 화학적 신호(곁에 있기만 해도 감당하기 힘들 정도로 어색한 그 느낌)까지 준다.

❸ 이성의 뇌

최상위 단계는 이성의 뇌(Rational Brain, 신피질이라고도 함)다. 다른 포유류도 신피질이 있지만 인간의 경우 훨씬 발달해 있다. 이성의 뇌는 감정의 뇌보다 훨씬 더 복잡하다. 감정의 뇌가 자동적이고 미리 정해진 근육 반응과 생리적 반응을 보이는 반면, 신피질은 탁월한 실행 기능의 중추이다. 이것은 인간을 고유하게 만드는 요소로 우리가 무조건 반응하는 대신, 생각하고 나서 행동하고 감정을 점검하며 추론, 상상, 계획, 예측, 성찰할 수 있게 한다.

한 가지 예를 들어보겠다. 당신이 도시 한복판에 있는데 마치 총성 비슷하게 쾅 하는 소리를 들었다고 상상해보자. 감정의 뇌는 가장 먼저 반응해서 당신을 화들짝 놀라게 하고 공포의 연쇄반응을 개시할 것이다. 곧이어 이성의 뇌가 작동하여 증거(도시, 대낮, 위험한 지역이 아님, 딱히 무장한 사람들이 눈에 띄지 않음)를 처리하면, 그 소리는 자동차 엔진의 폭발음일

확률이 크다는 판단을 내릴 것이다. 그러고 나면 당신은 평정심을 되찾게 된다. 이렇게 두 개의 뇌는 모두 중요하다.

뇌와 기분의 관계

기분은 무엇보다 뇌의 생화학적 반응들과 관련이 있다. 시시각각 농도가 변하며 우리의 몸을 흐르는 호르몬들, 끊임없이 변하는 혈당 수치, 문제를 맞닥뜨리거나 휴식을 취할 때마다 달라지는 근육의 긴장 정도, 그리고 그 밖의 생리적 반응에 따라서 기분은 수시로 달라진다. 다시 말해 기분의 변화는 생물학적 상태로 정의할 수 있으며, 이 생물학적 상태는 기분 변화의 가장 유력한 근거다. 사건이나 상황도 기분에 영향을 미치지만 그것의 경중을 결정하는 주체가 생물학적 구조물인 우리 몸이라는 점을 감안하면, 사건과 상황은 그저 생물학적 구조물 위에 숟가락을 얹은 것뿐이다.

감정과 기분의 차이

사람들 대부분은 '감정'과 '기분'이라는 단어를 자유롭

Emotions	vs	Feelings
외부상황에 대한 반응으로써 일어나는 물리적 상태		몸에서 일어나는 현상에 대한 정신적 반응
기분 전에 일어남		감정에 의해서 일어남
신체적 상태		정신적 해석과 반응
신체적 반응으로써 측정 가능		측정이 어려움

게 맞바꾸어 사용한다. 두 용어는 상호 연관성이 높지만 실은 그 의미에 큰 차이가 있다.

감정(Emotions)은 움직이는 에너지라고 생각할 수 있다. 본능적이고 물리적이며, 기분보다 앞서 생겨난다. 감정은 땀에 젖은 손바닥이나 빠르게 뛰는 심장과 같은 생물학적 신호로 나타난다. 따라서 혈압, 뇌 활동, 피부 전도력, 심지어 신체 언어를 측정함으로써 객관적으로 평가할 수 있다.

이에 반해 기분(Feelings)은 감정이 생긴 후에 형성되는 것으로 몸에서 벌어지고 있는 현상에 대한 정신적 해석이다. 기분은 뇌가 감정을 알아채고 거기에 의미를 부연한 결과다. 기분은 생각에 의존하지만 무의식적으로 이루어지기도 하는데, 이런 점 때문에 정확하게 측정하기 어렵다.

도시 한복판에서 들린 쾅 소리의 예로 돌아가보면, 우리가 두려움을 경험하는 것은 감정의 뇌 때문이고, 공포를 느끼는 것은 이성의 뇌 때문이다. 우리는 매일 매순간 감정을 느끼지만, 머릿속이 너무 분주해서 이를 딱히 의식하지 않는다. 그래서 곧잘 감정적 행동의 희생양이 되고, 이것은 우리를 스트레스 상태에 빠지

게 한다. 당신의 인생에 진정한 변화를 일으키고 싶다면 감정이 삶의 선택에 엄청난 영향을 미친다는 사실을 명확히 이해해야 한다. 건강, 안녕, 자기신뢰, 성공, 실패, 동기부여 등은 감정에 많은 부분을 의존하고 있다. 따라서 감정에서 일어나는 일을 전혀 모른다면 삶이라는 배를 정확하게 노 저어 가기란 사실상 불가능에 가깝다.

*"몸의 가장 중요한 기능은
뇌를 운반하며 다니는 것이다."*

토머스 A. 에디슨

좋은 화학물질 vs 나쁜 화학물질

정신이라는 수수께끼를 풀기 위해 다음으로 살펴볼 부분은 이 모든 뇌 부위를 연결하여 우리의 감정과 의미 탐색을 주도하는 화학적 신호 체계다. 다소 충격적인 사실을 하나를 말해볼까? 당신 자신에게 정말 자부심이 들거나 인생이 만족스럽게 느껴지는 순간들은 사실 당신의 행동과는 직접적인 관련이 없다. 당신에게 좋은 기분을 가져다주는 것은 바로 당신의 뇌에 있다. 뇌에서 좋은 화학물질(도파민, 세로토닌, 옥시토신, 엔도르핀) 중 하나가 분비되면서 좋은 기분이 들게 하는 것뿐이다. 우리는 자신의 일이나 주변 사람들에게 진심으로 마음을 다한다고 착각하지만, 사실 우리가 간절히 원하는 것은 이런 화학물질을 더 많이 얻는 일뿐이다. 이런 뜻밖의 이야기에 당황하지 않기 바란다.

나쁜 화학물질

좋은 화학물질에 관해 알아보기 전에 스트레스 호르몬에 대해 살펴보자. 바로 아드레날린(에피네프린이라고도 함)과 악명 높은 코르티솔이다. 두 호르몬이 우리에게 항상 나쁜 것만은 아니다. 실제로 두 호르몬은 스트레스 신호전달 시스템에서 중요한 역할을 한다. 우리가 위협에 처했을 때, 번개같이 빠른 속도로 반응할 수 있는 것도 이 호르몬들 덕분이다. 이 두 호르몬은 편도(인체의 '화재 감지기')라는 뇌 부위의 지시에 따라 적과 싸우거나 위험에서 도망칠 수 있도록

우리가 준비할 수 있게 도와준다. 따라서 실질적으로 우리의 생명과 안전에 필수적으로 필요한 것들이다.

아드레날린(ADRENALINE)

투쟁-도주 반응에서 아드레날린이 하는 역할은 위험에 주의를 집중시키고, 심박수와 혈류의 흐름을 높여서 눈앞에 나타난 위험에 대처하도록 돕는다. 혹시 부상을 입게 되더라고 통증을 덜 느끼게 해서 위험 상황에 대응할 수 있도록 한다. 어떤 사람들은 이 느낌을 지나치게 즐겨서 비행기에서 낙하산을 타고 뛰어내리거나 번지점프를 하거나 롤러코스터를 과감히 타기도 한다. 하지만 과도한 아드레날린은 건강에 매우 해롭다. 심장 손상이나 불면증을 유발하고, 불편하고 초조하고 신경질적인 기분을 만들어 더 큰 스트레스를 일으킬 수 있다.

코르티솔(CORTISOL)

코르티솔도 꼭 필요한 호르몬이지만 적절한 때만 분비되어야 한다. 코르티솔은 아침에 잠을 깨우는 각성 작용을 하고 혈압, 신진대사, 혈당 수준의 조절을 돕는다. 치유 과정을 돕고 기억의 형성까지 보조한다. 뜨거운 가스레인지는 절대 맨손으로 만지지 말아야 한다는 사실을 기억하는 것도 생명 유지와 직결되기

때문이다.

코르티솔은 생존에 위협이 되는 요소를 인식할 때 분비되며, 나쁜 기분이 들게 해서 그 위협에 관심을 집중시킨다. 하지만 실망을 느낄 때도 분비되어, 실제로는 위험 상황이 아닌데도 위험에 처한 것처럼 느끼게 한다. 헤어진 연인이 당신을 어떻게 찾는지와 같은 오래된 기억조차 코르티솔을 촉발할 수 있다. 그리고 실제 물리적 위험에 처해 있지 않더라도 이성의 뇌는 타인, 세상, 그리고 대개는 자기 자신에 대한 부정적인 생각과 느낌을 연쇄적으로 일으켜서 코르티솔 분비를 계속 촉진한다.

요즘은 코르티솔 수준이 상시적으로 높은 사람들이 많아졌는데, 이런 상태는 건강에 좋지 않다. 코르티솔이 과도하면 신경이 곤두서고, 기분 변화의 폭이 커지며, 체중 증가, 머리에 안개가 낀 것처럼 멍한 느낌, 식탐, 긴장, 피곤함이 자주 나타난다. 그러나 스스로 기분이 나쁘다는 사실을 인지하면 긍정적인 부분에 초점을 맞춤으로써 부정적 고리를 끊을 수 있다. 적절한 주의 분산은 위험을 맹렬히 찾는 이성의 뇌에 제동을 걸고, 몸을 진정시킬 수 있는 좋은 방법이다.

코르티솔은 약 20분 동안 지속된다는 점을 기억하고, 차분함을 유지하려고 노력한다. 물론 정신이 이렇게 외치고 있을 때는 쉽지 않은 일이다.

곧 죽을 것 같아. 제발 뭐라도 해봐!

좋은 화학물질

좋은 화학물질은 단 몇 분 동안만 짧게 분비되며, 그 효과가 사라지고 나면 왠지 속은 듯한 기분이 들게 한다. 하지만 자연은 다 계획이 있다. 좋은 화학물질을 더 얻고 싶으면 더 부지런히 움직이라는 것이다. 캘리포니아 주립대학의 로레타 브루닝 박사는 미소를 되돌려받는 데 드는 노력에 관해 연구한 바 있다.

도파민(DOPAMINE)

도파민은 보상이 가까울 때 최고의 기분을 선사한다. 기대하는 보상을 향해 나아가는 것만으로도 소량의 도파민이 촉진된다. 이런 도파민의 쾌락 속에 푹 빠져 있으면 황홀한 기분이 들겠지만 실제로 그렇게 되면 우리는 그것에 취해서 꼼짝도 하지 않을 것이다. 생존을 위해서는 끊임없는 노력이 필요하다. 그러지 않으면 진화의 목적에 부합할 수도, 당신에 적합한 짝을 찾아 유전자를 전달할 수도 없다. 도파민은 우리가 올바른 방향으로 나아가고 있음을 알려주는 신호등과 같다. 그 보상을 얻고 싶으면 가속기를 밟으라고 지시한다.

도파민 상승이 끝나면 뭔가 잘못된 느낌, 혹은 공허하다는 기분이 들 수 있지만, 우리의 뇌는 다시 '중립' 상태로 되돌아가서 생존 욕구를 충족할 다음 기회를 기다린다. 인생에서 최고의 성과에 도달했더라도 도파민은 이내 곧 희미해지고, 다시 한 번 최고점에 도달하기 위해 새로운 도전을 좇기 시작한다. 이러한 도파민의 생리를 이해한다면 도파민이 떨어진다고 분개하거나 환멸을 느낄 필요는 없다. 로레타 브루닝 박사가 제안하는 도파민 높이기 팁을 참고하기 바란다.

❶ 탐색을 즐겨라

뇌는 탐색과 신선함에 목마르다. 따라서 탐색과 목표를 연결하면 도파민을 얻을 가능성이 높아진다. 배우고, 시도해보고, 새로운 것을 추구하면 기분이 좋아질 것이다.

❷ 단기 보상과 장기 보상을 모두 추구하라

단기 목표와 장기 목표로 시간을 나눠서 도파민의 흐름을 꾸준히 유지하라. 목표를 향해 한 걸음씩 나아가기만 해도 도파민은 촉진된다. 반드시 목표 전체를 완수하지 않아도 된다. 그러니 단기 목표에 대한 보상도 잊지 않고 준비한다.

❸ 쉽지도 어렵지도 않은 목표를 설정하라

너무 어려운 목표에는 보상을 기대하지 않는다. 때문에 도파민도 얻을 수 없다. 너무 쉬운 목표에도 도파민 효과를 기대할 수 없다. 새롭게 얻는 것이 적기 때문이다. 쉽지도 어렵지도 않은 목표를 만들어야 도파민은 상승한다.

세로토닌(SEROTONIN)

정글에서는 가장 높은 지위에 있는 동물들이 큰 인기를 얻는다. 그래서 더 많은 교미의 기회를 얻고, 자신의 유전자를 널리 퍼뜨릴 수 있다. 우리의 뇌는 누군가의 관심을 갈망하고, 이는 '세로토닌'이라는 화학물질로 보상을 받는다. 수많은 사람들이 사회적 인정을 추구하고, 유명 인사나 부자들이 매력적이고 아름다운 파트너를 얻는 이유도 이 때문이다.

세로토닌은 당신이 현재 좋은 상태라는 것을 알려주는 뇌의 신호로, 기분 좋고 평온한 느낌을 충족시켜준다. 하지만 세로토닌은 몇 분 안에 분해되며, 그렇게 되면 뇌는 세로토닌을 더 얻기 위해 새로운 방법을 모색한다. 이것은 뇌가 현재의 자신에 만족하지 않고, 남이 가진 것이 눈에 들어오기 시작한다는 뜻이다.

우리 포유류 뇌는 세로토닌을 추구하는 과정에서 자신에게 만족하지 못하는 느낌을 갖게 된다. '나는 부족한 인간이야.' '나는 충분히 가지지 못했어'와 같은 부정적인 생각을 불러일으킨다. 이에 대한 반응으로 뇌는 코르티솔을 분비하고 이것은 두려움, 공포, 긴장감 등을 조성한다. 그러면 이성의 뇌에 '위협 요소를 찾으라'는 명령이 전달되고, 이내 부정적인 생각의 고리가 작동한다. 그렇게 되면 곧 당신은 삶에서 만족스럽지 않은 부분을 찾아내기 시작한다. '나는 너무 뚱뚱해.' '나는 늙었어' '나는 가난해' '나는 멍청해' 이런 자기에 대한 실망감은 미래, 세상, 자기 자신에 대한 큰 불신으로 이어질 수 있다. 그리고 이것은 우울증의 시작이 될 수 있다!

당신도 이런 기분의 악순환에 휩싸일 때가 있는가? 그럴 때는 잠시 숨을 고르고, 생각의 방향을 전환해보

자. '이것은 단지 화학적 반응에 불과해.' 이 사실을 기억하고 당신이 이미 가진 것에 관심을 돌려보자. 쉽지 않지만 계속 시도해보자.

옥시토신(OXYTOCIN)

사랑의 화학물질이라고 알려진 옥시토신은 신체 접촉과 신뢰가 생기면 촉진된다. 이 물질은 우리가 안전함을 느끼고 개인이나 집단의 지지나 보호를 받고 있다고 느낄 때 더 많이 분비된다. 우리 뇌는 살아내기위해 사회적 관계를 맺을 때 안정감과 행복한 느낌이 들도록 발달해왔다.

신뢰하는 사람과 신체 접촉을 하거나 상호작용을 할때 옥시토신은 촉진되고, 반대로 그 신뢰가 배반당할때 코르티솔이 분비된다. 이런 신호전달 체계는 생존목적으로 유용하게 활용되어 어디에서 사회적 지지를 얻을 가능성이 큰지, 그리고 안전 욕구에 대한 기대치를 어떻게 충족할 수 있을지를 말해준다.

옥시토신을 다음과 같은 전략으로 더 많이 누릴 수있다.

- 사람들을 신중하게 대하고 단계적으로 신뢰를 쌓아간다.
- 마음을 편안하게 해주는 것을 자주 즐긴다. 차 마시기, 마사지, 산책하기 등
- 실제로 안전한 상태임을 인식하는 법을 배운다.
- 안전하지 않다는 느낌이 드는 것은 화학 작용에 불과하다고 믿고 그냥 바라보고 지나가길 기다린다.

엔도르핀(ENDORPHIN)

엔도르핀은 통증에 대한 지각력을 낮춰 진통제인 모르핀과 유사한 희열감을 촉발한다. 엔도르핀의 진화론적 목적은 다친 동물에게 포식자로부터 도망칠 기회를 주어 생존을 돕는 것이다. 엔도르핀은 20분 정도만 지속되며, 그 시간이 지나면 통증이 격심하게 돌아온다. 다친 부위에 다시금 관심을 쏟아 부상을 수습하게 함으로써 무사히 교미를 완수하고 유전자를 전달할 수 있도록 하기 위해서다.

운동은 엔도르핀을 활성화할 수 있는 방법의 하나지만 통증을 유발한다. 그래서 러너스 하이(Runner's High, 격렬한 운동 후에 느껴지는 도취감)를 느낄 정도의 심한 운동은 지양하는 것이 좋다(명상도 고조된 기분에 도달할 수 있는데, 심한 운동보다 명상을 추천한다) 현대 사회는 우리가 고통을 없애주는 엔도르핀을 갈구하게 만든다. 하지만 인생에는 기복이 있음을 인정하고, 현실과 동떨어진 행복으로 도피하려고 애쓰지 않는 편이 더 현명하다! 고통도 인생의 한 부분이라는 점을 인정하자는 것이다.

엔도르핀을 활성화하는 방법은 다음과 같다.

- 자주 웃기
- 좋아하는 사람들과 만나기
- 자연 속에서 시간 보내기
- 격하지 않게 자주 운동하기

맹목적인 행복 추구가
우리를 지치게 한다.

행복 숭배를 멈추어라!

현대 사회의 '행복 숭배'는 우리에게 항상 행복해야 할 것을 강요한다. 그러나 좋은 화학물질은 단 몇 분 동안만 유지된다. 때문에 이러한 맹목적인 행복 추구는 사람을 지치게 할 뿐 아니라 계속 이어질 수도 없다. 오히려 나쁜 호르몬이 더 적게 분비되도록 하는 것이 스트레스를 줄일 수 있고, 더 행복감을 안겨줄 수 있다. 좋은 것만 추구하기보다 나쁜 것을 줄이는 것도 행복의 방법 중 하나다.

인생에서 벌어지는 일을
항상 통제할 수는 없다.

그러나 대응하는 방식에
통달할 수는 있다.

스트레스에 반응하는 방식

우리는 공통적인 생물학적 특징을 가졌음에도 불구하고 고유의 유전적 속성과 자기만의 경험 덕분에 각자 다른 방식으로 스트레스에 반응한다. 동물 실험을 통해 밝혀진 바에 의하면 스트레스 상태의 어미에게서 태어난 새끼는 뇌에 영구적인 기능 손상이 일어나 스트레스에 더 취약한 상태였다. 이것은 인간도 예외가 아니다. 부모의 행동이 자녀의 스트레스 민감도와

스트레스 대처 방식에도 영향을 줄 수 있다. 일과 가정에서 스트레스에 시달리는 부모는 그 피로감을 자신도 모르게 아이들에게 전하는 경우가 많다. 아이들은 부모의 말보다 행동을 배우며, 신경가소성의 영향으로 발육기 중 습득한 내용은 평생 그대로 저장된다. 임상 현장에서 환자를 만나보면 불안한 아이를 치료하기 전에 먼저 불안한 부모를 치료해야 하는 경우도 많다.

특히 요즘에 스트레스를 받는 사람들이 많아지고 있는 것은 사실이다. 청소년들과 젊은이들은 예전보다 확실히 스트레스가 더 심한 세상에 살고 있다. 소셜미디어, 학교, 시험, 자존감 이슈, 가족 문제, 경쟁 등 끊임없이 변화하는 사회에서 이들은 부모 세대 때보다 한층 더 힘든 삶의 문제를 겪고 있다.

여기에 호르몬 변화와 역할 변화는 여러 가지 부가적인 긴장, 스트레스, 불안, 심지어 우울증까지 유발한다. 단지 어른이 되어가는 과정의 하나인데도 이들이 겪는 스트레스는 정신건강의 문제로까지 확대되고 있다.

세계보건기구(WHO)에 따르면 정신질환은 10~24세 인구의 전 세계 질병부담(Disease Burden, 질병으로 인한 건강손실을 수치로 표현한 지표) 가운데 절반 정도를 차지한다. 따라서 아이들과 청소년들, 더 나아가 젊은이들의 정신건강이 더 나아질 수 있도록 어른들과 더 나아가 사회가 모범적인 모습을 보여주어야 할 것이다.

스트레스 반응 이론

래저러스와 포크먼의 스트레스 교류 이론은 스트레스를 인간과 환경의 상호 작용으로 정의한다. 이 이론에서 스트레스 요인에 대한 우리의 반응은 다음에 따라 달라진다.

- 스트레스 요인의 심각성에 대한 평가
- 내가 그 스트레스를 얼마나 잘 감당할 수 있는가에 대한 판단

같은 위험을 겪더라도 모두가 똑같은 방식으로 대처하지 않는다. 스트레스도 마찬가지다. 스트레스 요인을 좌절이나 난관으로 만드는 것, 혹은 기회로 만드는 것은 전적으로 개인의 태도다. 예를 들어 불안(임상 차원에서 스트레스)을 느끼는 사람들은 세상을 삐딱하게 인지한다. 부정적인 사건을 예측할수록, 혹은 자신이 그런 사건을 극복하지 못할 거라고 생각할수록 불안 증상은 더 심해진다. 그런데 스트레스 대처 요령을 익히거나 위험에 대한 인식의 관점을 바꾸거나, 혹은 두 가지 방법을 다 활용하면 확실히 스트레스 증상은 전보다 나아질 수 있다.

개가 알려준 교훈

오래전, 미국을 여행하던 중 멕시코 바하칼리포르니아 주로 떠나는 서핑 팀에 합류한 적이 있었다. 바하는 건조하고 황량해서 초목이 많지 않았지만 바다가재 요리와 파도를 마음껏 즐길 수 있는 곳이었다.

어느 날 오후, 나는 험준한 해안가 산책로를 따라 혼자서 하이킹에 나섰다. 한 시간쯤 걷다보니 바다가 내려다보이는 절벽 꼭대기에서 작은 집 한 채를 만나게 되었는데, 그곳을 지나려면 그 집 뒤뜰을 가로질러야 했다. 혹시 불법 침입자로 오해받을지 몰라서 집주인이 보이기도 전에 친근한 목소리로 '올라(Hola, 스페인어로 안녕이라는 뜻)!' 하고 인사를 했다. 그런데 되돌아온 것은 미친 듯 짖는 소리와 정신없이 바닥을 긁는 발소리였다. 순식간에 작은 푸들 두 마리와 거대한 핏불 한 마리가 나를 향해 쏜살같이 달려왔다. 그리고 내 앞에는 푸들 두 마리가 '너를 혼내줄 거야!'라고 말하는 듯 요란하게 짖고 있었다.

핏불은 두 귀를 납작하게 젖히고 이빨을 드러내며 으르렁거렸다. 순간, 나는 어릴 때 집에서 키웠던 개들이 상대의 두려움을 감지하고 거기에 반응한다는 사실을 떠올렸다. 그래서 핏불이 내 주위를 한 바퀴 도는 동안 최대한 침착하게 다독이는 목소리로 '부엔 무차초, 부엔 무차초!'(착하지, 착하지!) 하며 말을 건넸다. 개들은 확실히 내 편안한 말투에 반응하는 듯했다. 다행스러운 일이었다! 핏불은 내 발을 물어뜯는 대신, 킁킁 냄새를 맡더니 한쪽 다리를 들어서 내 운동화 위에 흥건히 실례를 범했다. 순간, '이제야, 괜찮은 상황이군' 하며 안심한 나는 다시 한 번 말했다. '부엔 무차초!' 핏불은 넓적한 머리를 꼿꼿이 쳐들고 덩치 작은 친구들과 함께 총총걸음으로 되돌아갔다. 나는 안도의 한숨을 내쉬고 그 집을 무사히 나와 숙소로 돌아왔다.

이 이야기에서 배울 점
스트레스 상황에서 대응 방법이 달라지면 얼마든지 결과도 달라질 수 있다.

대응이 달라지면 결과도 달라진다.

스트레스에 대처하는 방식

예전에 나를 찾아왔던 내담자 칼의 스트레스 대처 방식은 (그의 표현에 따르면) 인생을 거의 망치다시피 했다. 그의 이야기는 우리가 스트레스를 대하는 태도에 의미 있는 경종을 전해주고 있다.

칼의 스트레스 이야기

35세인 칼은 대형 상장회사의 잘 나가는 임원으로 연매출액 2억5천만 달러 이상의 책임자였다. 처음 만났을 때 그는 14년 동안 부인과 두 자녀와 함께 살던 집에서 나온 상태였다. 그는 사촌 집의 손님방에서 여행 가방 하나를 놓고 생활하고 있었다. 그 방은 싱글 침대와 침실용 탁자로 쓰는 등받이 없는 의자, 화장대, 그리고 잡동사니를 넣어두는 수납 테이블이 가까스로 들어가는 비좁은 공간이었다.

칼은 인상적인 남자였다. 매력적인 외모에 카리스마를 풍기며 한때 남들의 존경을 한몸에 받았던 사람이었다. 사람을 대하는 기술이 탁월했고, 타고난 영업인으로 남들에게도 활력을 불어넣어주었다. 그는 탁월한 영업 실적을 내면서 전국을 총괄하는 영업 디렉터 위치에 오르기까지 했다. 그러나 한순간 잘못 내린 판단 하나로 그는 인생의 추락을 경험하게 되었다. 그로 인해 그에게는 스트레스 요인들이 쌓이고 증폭되었지만, 그는 그저 방치할 뿐이었다. 그는 꼭 해야 할 일들을 건너뛰었고, 집보다는 사무실에서 많은 시간을 보냈다. 집에서 보내는 시간이 현저히 줄어들면서 가족들에 대한 미안함에 일부러 가족을 피하게 됐다. 그는 나에게 그 시간이 얼마나 고통스러웠는지 토로

스트레스는
이성적인 판단을
방해한다.

했다. 그는 자신이 근면하고 유능한 사람으로 보여야 한다는 내면의 압박에 끊임없이 시달렸다고 했다. 때문에 자기 자신을 돌보는 시간을 전혀 갖지 못했다고 했다. 헬스장에 발길을 끊었고, 아내와 아이들과 매일 하던 저녁 산책을 중단했으며, 취미였던 농구팀 활동도 그만두었다. 식사는 불규칙했고, 영양가 없는 음식을 아무 생각 없이 먹었다. 그는 업무상 고객 접대를 감당하기 위해 새벽까지 술을 마시는 날도 많았고, 매일 밤 점점 더 많은 알코올로 기절하듯 잠자리에 들었다. 칼에게는 힘든 하루하루가 끝없이 반복되었다. 그의 전화는 아침 7시면 울리기 시작해 매일 저녁 8시나 9시까지 멈추지 않았다. 그는 자신의 삶을 '끊임없이 허덕이며 남 따라잡기' 혹은 '앞서 나아갈 수 있다는 희망은 전혀 없이 기계적으로 움직이기'라고 표현했다. 사무실에서는 여전히 가장 '유능한' 사람으로 손꼽혔지만, 그의 마음속은 초조함과 공허함이 동시에 들어찼다.

어느 날, 칼은 우편으로 속도위반 벌금 통지서를 받았다. 하지만 이번에는 벌점이 너무 많이 누적되어 3개월 동안 면허가 정지된다는 안내가 동봉되어 왔다. 청천벽력 같은 소식이었다. 주 전역을 돌아다니면서 영업사원들을 만나려면 운전면허가 꼭 필요했다. 더욱 심해진 스트레스 속에서 칼은 계획을 하나 꾸몄다. 동료 한 명에게 과속 당시 차를 운전하고 있던 건 칼이 아니라 자신이었다는 진술서를 쓰게 한 것이었다. 일단 거짓말을 시작하면 상황은 더 나빠지기 마련이다. 칼의 잘못된 의사결정은 그를 더 심각한 곤란에 빠뜨렸다. 그는 회사 변호사와 자신이 꾸민 계획을 의논했다. 칼은 몰랐지만 그 변호사는 회사를 나가 달라는 요청을 받은 상태였고, 유리한 해고 조건을 끌어내는 데 이 정보를 이용했다. 그러자 이사회는 칼이 잘못을 시인하고 상황을 바로잡지 않으면 칼을 면직시키겠다고 경고했다.

칼은 그 후로 몇 주 동안 '지옥 같은' 시간을 보냈다. 자신이 그토록 공들여 쌓아온 세계가 발밑에서 무너져 내리고 있는 게 분명해 보였다. 그는 경찰과 회사 이사회 앞에서 동료와 모의해 모두를 속이려 했다는 사실을 인정해야 했다. 두 사람 모두 난처해진 상황에 처했고, 그들의 신뢰도는 바닥에 떨어졌다. 최고에 달한 스트레스 상태에서 내린 나쁜 결정 때문에 그는 최고의 자리에서 순식간에 곤두박질치는 순간을 맞이했다.

스트레스에 대처하는 두 가지 방식

칼의 이야기에서 알 수 있듯이 스트레스를 받을 때, 누구나 중요한 사람들을 밀쳐내고 미봉책에 불과한 결정을 내리기 쉽다. 그렇게 되면 작은 문제가 순식간에 큰 문제로 바뀔 수 있다. 이것은 우리 뇌의 중대한 설계 결함 때문에 벌어지는 일이다. 스트레스 반응의 일부로 뇌의 이성적인 의사결정 부위가 제 기능을 하지 못하는 것이다. 그렇다면 어떻게 해야 할까?

이제부터 스트레스 대처 유형에 관한 연구 결과를 살펴보면서 당신 스스로 스트레스 경험이 유익하게 작용하고 있는지 아니면 그렇지 않은지를 직접 확인해 보자.

학자들은 스트레스에 대처하는 두 가지 대처 유형을 찾아냈다. 바로 능동적 대처 유형과 수동적 대처 유형이다. 우리는 대체로 두 유형 사이를 반복하면서 경험하지만 일반적으로 어느 한쪽을 기본 유형으로 한다. 누구나 스트레스를 받으면 문제가 해결될 때까지 외면하고 싶어진다. 그것이 스트레스를 대하는 흔한 태도이다. 하지만 이렇게 회피하면서 수동적인 대응을 하게 되면, 상황은 더 악화될 뿐이다. 마감을 독촉하는 따가운 주문은 계속되고, 경제적인 압박은 쌓여가며, 원만하던 관계도 비딱해지면서 근심과 걱정은 나날이 불어날 것이다.

남성과 여성 모두 스트레스를 회피하는 쪽을 선호하지만 구체적인 방식은 다르다. 남성들은 대개 스포츠나 음주, 자극적인 영상물 등을 좋아하는 데 반해, 여성들은 물건을 사거나 친구들을 만나 커피나 음료를 마시며 수다를 떤다. 스트레스 때문에 이미 기분이 울적해진 남성들은 이때 자신의 감정을 마비시키려고 위험한 행동에 뛰어들기도 한다. 예를 들어 술이나 약물을 복용하거나, 도박 또는 이성에 빠지거나, 싸움에 휘말리는 등의 행동이다. 남녀 모두 음주와 흡연을 하지만 여성은 스트레스로 과식을 하는 경우가 더 많다.

이런 식으로 자신의 고통을 회피하려는 행위는 얼핏 좋은 생각처럼 느껴질 수 있지만, 부정적인 감정을 이러한 대응과 연결시키면 뇌 안에 위험한 대처 경로가 형성되어 효과가 사라지고 난 다음 더 큰 스트레스에 직면하게 된다. 더 커진 스트레스는 혈압 상승, 불안 증가, 수면 장애, 대인관계 악화 혹은 금전적 압박 등의 형태로 나타날 수 있다.

그 밖의 흔한 회피 행동으로는 주의 분산(영화 보기, 인터넷 서핑, 소셜미디어 활동, 음악 듣기) 또는 고립이 있다. 가림막 뒤에 숨는 것은 처음에 편할 수 있지만 결국 당신을 지치게 할 뿐이다. 무기력감이 높아지면 집중이 어려워지고, 따라서 스트레스 요인을 제대로 해결할 가능성은 낮아진다. 고립된 상태로 혼자 지낼 경우, 가족과 친구들의 든든한 지지를 얻지 못한다. 또한 스트레스에 가려진 본질적인 맥락을 이해할 기회도 놓치게 된다. 인생에는 더 중요한 것들이 있으며, 지금 한순간 혹은 이 한 가지 상황만으로 모든 게 좌우되지 않는다는 사실을 놓치고 마는 것이다.

스트레스 요인	능동적인 대처 방법
업무를 너무 많이 떠맡음	거절하는 법을 배우고 업무를 위임한다. 목록을 작성하고 하나하나 항목을 처리한다.
휴식 시간이 충분하지 않음	매일 약간의 휴식 시간을 정해둔다. 당장 오늘부터 점심시간에는 온전히 쉬도록 한다.
일상에서 벗어나는 시간을 갖지 못함	휴가나 주말여행을 계획하고 필요한 사항을 예약해둔다.
운동할 시간이 없음	매일 약간의 신체 활동을 한다. 처음에는 단 10분이라도 좋다. 큰돈이 들지 않으면서 즐길 수 있는 활동을 선택한다.

수동적 대처

이 경우, 사람들은 상황이 개선되거나 저절로 사라지기를 기다리면서 아무것도 하지 않는 경향이 있다. 문제를 회피하거나 스트레스 상황이 별일 아닌 척하는 행동이 여기에 해당된다. 알코올 또는 약물에 의존하거나, 마음의 위안이 되는 음식을 먹거나, 잠을 더 많이 자는 것도 여기에 해당된다.

능동적 대처

이 경우, 사람들은 문제 해결을 위해 스스로 조치를 취하거나, 다른 사람들에게서 도움 혹은 지원을 받는다. 수동적 대처의 정반대라고 보면 된다. 처음에는 엄두가 나지 않을 수 있지만, 능동적 대처는 상황을 통제하고 있다는 느낌을 주고 올바른 선택을 내리는데 필요한 자신감을 높여준다. 결국 상황을 누그러뜨려서 스트레스를 낮춰준다.

부정적인 생각이 스트레스를 부른다

평소에 능동적으로 스트레스에 대처하는 사람도 지각(perception)의 희생양이 되면 실제 존재하지도 않는 문제를 만들어내기도 한다. 연구에 따르면 우리의 정신은 여러 가지 '생각 오류'를 저지른다고 한다. 스트레스 요인 중 다수는 실제가 아니라 '지각된' 것에 불과하다는 뜻이다.

이런 경우 부정적인 감정을 만들어내고, 따라서 스트레스 반응을 일으키는 것은 바로 상황이 아니라 생각하는 방식이라는 점을 분명히 인식해야 한다. 생각에 의존하지 않는다면 감정은 진정되고, 뇌의 문제 해결 능력도 다시 정상화되면서 엉킨 문제도 서서히 풀릴 수 있다. 물론 경계심을 늦추지 않고 생각의 문지기 역할을 해내기란 쉽지 않다. 영성 철학자 디팩 초프라의 말대로 우리는 매일 최대 8만 가지 생각을 하기 때문이다! 우리가 하는 대다수의 생각들은 대체로 부정적이고 반복적이다. 일어나지 않을 일들에 대해 근심과 걱정으로 힘들어하고, 이런 부정적인 생각에 어제도 오늘도 허우적댄다. 여기서 다시 한 번 강조하고 싶다. 우리를 현혹시키는 정신의 술수에 현명하게 대응해야 한다. 소중한 이 순간을 부정적인 생각 때문에 잃고 싶지 않다면 말이다.

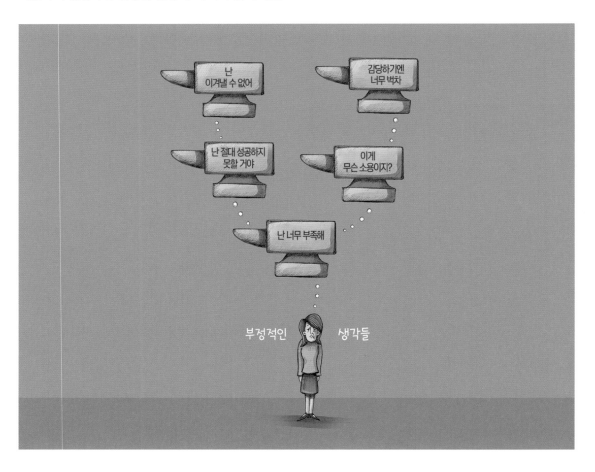

생각 오류

다음은 우리의 정신이 매일, 매시간, 매분, 매순간 일으키는 생각 오류의 유형을 정리한 목록이다. 당신은 오늘 이런 오류에 몇 번이나 빠졌는가? 한번 곰곰이 떠올려보라.

재앙화(Catastrophizing) : 부풀려서 생각하는 것. 누군가에게 '너무 앞서 나간다' 혹은 '아무것도 아닌 일에 호들갑 떤다'는 말을 들은 적이 있는가? 재앙화의 오류에 빠지면 사소하지만 부정적인 사건으로 인해 발생할 수 있는 갖가지 최악의 시나리오를 떠올린다.

흑백 논리(Black-and-white thinking) : 이분법적으로 생각하는 것. 중간의 가능성은 고려하지 않고 극단적인 방향에 치우쳐서 생각한다. 자기 자신, 타인, 모든 상황을 전부 옳다, 아니다, 혹은 전부 좋거나 나쁘다고 여긴다.

개인화(Personalizing) : '전부 내 탓'이라고 생각하는 것. 개인화는 잘못될 수 있거나 실제로 잘못되고 있는 모든 일에 자신이 일부만 책임이 있거나 아무 책임이 없는데도 전적으로 자신을 비난하는 행동이다.

성급한 결론(Jumping to conclusion) : 증거가 없는데도 습관적으로 부정적인 상황을 가정하는 것. 예를 들면 별다른 증거 없이 누군가의 생각이나 의도를 지레짐작하는 행동이 여기에 해당한다(⑩ '그 여자는 내가 낙오자라고 생각해'). 또한 자신에게 미래 예측능력이 있는 것처럼 모든 일이 안 좋게 풀릴 거라고 생각하는 경우도 여기에 해당한다(⑩ '나는 분명히 해고를 당할 거야').

여과(Filtering) : 부정적인 면에 초점을 맞추고, 긍정적인 면은 무시하거나 부인하는 것. 사소한 부정적인 한 가지에만 초점을 맞추고 전체 그림은 보지 않는 터널 시야의 대표적인 사례이다.

당위 진술(Shoulds and musts) : 자신이나 타인에게 비합리적인 요구를 하거나 압박을 가하는 것. '~해야만 해'와 같은 표현을 사용하면서 자신과 타인에게 엄격하고 비현실적인 기대치를 품는다.

명명하기(Labelling) : 몇 가지 상황만으로 자신이나 타인을 비하하듯 호칭으로 부르는 것. 흔한 예로 '나는 바보야' '사기꾼이야' '가짜야' '나쁜 사람 같으니' 등.

과잉 일반화(Overgeneralization) : 과거나 현재의 단 한 가지 사례를 가져다가 다른 모든 상황에 일반화시키는 것. '나는 절대…' '모두가 항상…' '당신은 계속…'와 같은 식으로 말한다. 이러한 과잉 일반화는 사실인 경우가 거의 없다.

감정적 추리(Emotional reasoning) : 감정의 렌즈를 통해 세상을 바라보는 것. 기분에 따라 상황 또는 자기 자신을 바라보는 방식이 달라지도록 내버려두는 경우를 말한다. 평온하고 중심이 잡힌 상태일 때는 상관없지만 스트레스를 받거나 낙심해 있을 때는 큰 문제가 된다. 사실을 직시하지 않고 기분에 따라 '추리'를 하면 '나는 낙오자 같은 기분이 드니까 낙오자가 틀림없어'와 같은 식으로 생각하기 때문이다.

확대와 축소(Magnification and minimization) : 부정적인 면을 과장해서 말하고 긍정적인 면은 무시하거나 폄훼하는 것. 예를 들어 다른 사람의 능력은 크게 부풀리지만 자신의 성과나 자질은 우연히 일어난 일이나 혹은 운이 좋았다는 식으로 깎아내리는 행동이다.

생각 오류에서 벗어나는 법

다음은 심리적 비상 상태에서 '유리를 깨뜨리고 탈출하는' 방법이다. 즉, 생각 오류가 당신을 옭아매고, 스트레스 온도계의 수치를 올리고 있다는 사실을 인지했을 때 즉각 사용할 수 있는 전략이다.

연습 : 생각은 사실이 아니다

당신 앞에 소파가 있다고 상상해보자. 그저 흔한 소파가 아니라 당신이 떠올릴 수 있는 가장 아름답고 편안한 소파를 상상한다. 먼저 색깔부터 시작해보자. 단색인가, 무늬가 있는가? 이제 프레임이다. 금속인가, 나무인가? 소재는 어떠한가? 고급스러운 가죽인가, 부드러운 직물인가? 몇 사람이 앉을 수 있는가? 어떤 종류의 완충재를 사용했는가? 등받이의 각도 조절이 가능한가? 아니면 진동 기능이 있어서 등 마사지를 해주는가? 다음 몇 분 동안 당신이 직접 취향에 맞게 디자인한 최고의 소파를 상상해본다.

이제 당신이 할 일은 그 소파에 앉아서 이 책을 계속 읽는 것이다. 그럴 수 없다니 그게 무슨 소리인가? 물론 그럴 수는 없다. 온 정신을 소파에 쏟았지만 그 멋진 소파는 당신의 생각에 불과하기 때문이다. 당신이 과거에 떠올렸거나 앞으로 떠올리게 될 다른 생각과 마찬가지로 그것은 실제가 아니다.

생각은 사실이 아니다. 복종해야 할 명령도 아니다. 보편적이거나 절대적인 진리도 아니고, 두려워해야 할 대상 역시 아니다. 뇌 안의 수많은 뉴런(신경 세포) 사이에서 이루어진 전기적 활동의 결과물이고, 우리는 단지 여기에 이야기를 부여했을 뿐이다. 우리 자신에 대한 모든 생각도(예 내가 얼마나 형편없는 사람인지 혹은 부족한 사람인지) 그 소파만큼 허구적이다. 스트레스를 받아 생각이 비이성적으로 치달을 때는 자기 자신에 대한 이런 부정적인 생각을 더 많이 하게 되는데, 그것은 기분저하로 이어지고, 결국 우리를 더욱 위험한 상태로 몰아넣는다.

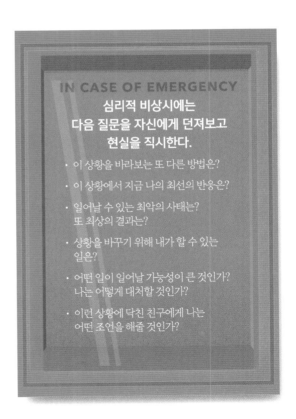

IN CASE OF EMERGENCY

**심리적 비상시에는
다음 질문을 자신에게 던져보고
현실을 직시한다.**

- 이 상황을 바라보는 또 다른 방법은?
- 이 상황에서 지금 나의 최선의 반응은?
- 일어날 수 있는 최악의 사태는?
  또 최상의 결과는?
- 상황을 바꾸기 위해 내가 할 수 있는
  일은?
- 어떤 일이 일어날 가능성이 큰 것인가?
  나는 어떻게 대처할 것인가?
- 이런 상황에 닥친 친구에게 나는
  어떤 조언을 해줄 것인가?

스트레스의 ABC

우리는 때때로(혹은 항상!) 자신의 불행을 다른 사람이나 외부 환경, 혹은 심지어 정부 탓을 하며 비난의
화살을 밖으로 돌린다. 전문가들은 이것을 외적 통제성향(external locus of control)이라고 부르는데, 자
신에게 벌어진 일에 대한 책임을 받아들이지 않는다는 뜻이다.

이런 사고방식에는 문제가 있다. 이러한 생각의 밑바탕에는 인간은 세상의 처분에 좌우되는 존재이고, 스스로 자기 길을 개척해나갈 능력이 없다는 신념이 깔려 있기 때문이다. 어떤 일이 생겼을 때, 좋든 나쁘든 특정한 기분이 들게 되는 것은 그 사건 때문이라는 일반적인 통념도 이런 믿음과 밀접하게 연관되어 있다. 그러나 사실 우리가 어떤 상황에서 특정한 기분이 드는 이유는 이에 대한 우리의 '해석' 때문이다.

다음과 같은 상황을 가정해보자. 상사가 당신을 부당하게 대한다. 당신이 프로젝트에 쏟은 온갖 노력을 무

시하더니 나중에 프로젝트가 성공적으로 완료되자 이번에는 모든 공을 자신이 가로챘다. 당신은 상사가 당신을 화나게 했다고 결론지을 수 있다. 하지만 실제로 당신을 화나게 만드는 것은 상사가 아니다. 상사가 거만하고 무신경한 사람인 것은 분명하지만, 당신을 화나게 만드는 더 정확한 이유는 이 상황을 지각하고 해석하는 방식이다. 당신은 상사가 한동안 꼴도 보기 싫을 수 있고, 그 상사가 주관하는 다음 프로젝트에서는 그렇게 열심히 일하지 말아야겠다고 결심할 수 있다. 하지만 당신의 기분에 대한 열쇠까지 상사에게 넘겨줄 필요는 없다.

1960년대에 애런 벡과 앨버트 엘리스가 개척한 인지행동요법(Cognitive Behavioral Therapy, CBT)은 세상에 대한 우리의 반응을 평가하는 귀중한 틀을 제공한다. 이들이 개발한 'ABC' 틀을 이용하면 어떤 상황이든 인지 가능한 단계로 나눌 수 있다.

1단계 선행사건(Activating event)
이미 일어난 사건 또는 상황

2단계 신념(Beliefs)
상황이나 사건에 대해 생각하는 방식

3단계 결과(Consequences)
상황이나 사건 이후의 생각, 감정, 기분, 행동

A	B	C
선행사건	**신념**	**결과**
어디에서 무슨 일이 일어났는가? 간략하게 사실만 기록한다.	머릿속에 어떤 생각이 들었는가? 상황을 어떻게 해석했는가? 무엇을 가정하거나 예상했는가?	어떤 감정을 경험했는가? 어떤 기분이 들었는가? 어떤 행동을 했는가?
• 마감이 촉박한 새 프로젝트를 맡게 되었다.	• 이 프로젝트를 어떻게 해야 할지 모르겠다.**(확대와 축소)** • 나는 이 일을 절대 제 시간 안에 마치지 못할 것이다.**(성급한 결론)** • 나는 해고를 당할 것이다.**(재앙화)**	• 감정 : 슬픔, 두려움 • 기분 : 걱정됨, 초조함, 스트레스를 받음, 창피함 • 행동 : 동료들과 거리를 두고 혼자 지냄, 일은 하지 않고 인터넷을 서핑함 • 신체 증상 : 수면 부족, 근육 긴장, 소화 불량

ABC 기법 적용하기

마음을 괴롭히는 각 사건을 ABC라는 기본적인 구성요소로 나눠보면 사고가 어느 부분에서 왜곡되었는지, 그것이 어떤 식으로 스트레스를 유발하는지 명확히 알 수 있다. 위의 표를 사용해 격한 감정(그리고 보통은 격한 반응)을 유발하는 사건에 대한 당신의 생각과 기분을 명확히 규명해보자.

괄호 안에 표시해놓은 모든 생각 오류에 주목한다. 이런 생각 오류는 우리의 감정과 기분을 주도하고, 행동에 영향을 끼쳐서 타인의 지지와 문제 자체를 회피하게 만든다(수동적 대처). 이러한 생각은 휴식을 방해하고 몸 안에 신체적 긴장 상태를 유발한다.

ABC를 새롭게 익히려면 약간의 연습이 필요하다. 우리는 사건에 곧바로 반응하고 비난을 돌릴 사물이나 사람을 외부에서 찾는 데 너무나 익숙하기 때문이다. 하지만 일단 요령을 터득하고 나면 즉각적으로 반응하는 일이 줄고, 감정과 기분을 잘 통제하여 스트레스를 훨씬 덜 느끼게 된다.

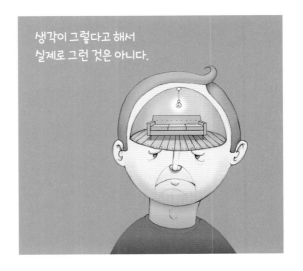

생각이 그렇다고 해서 실제로 그런 것은 아니다.

생각에 도전하기

생각 도전(Thought Challenging) 기법은 걱정스러운 생각이 기분과 행동에 끼치는 영향을 줄일 수 있는 과학적으로 입증된 방법이다. 너무 바쁘거나 스트레스가 많은 상태, 혹은 피곤할 때도 내면에 생각도전 코치가 있다면 힘든 상황도 받아들일 수 있을 만큼 기분이 크게 좋아질 수 있다.

스트레스가 잔뜩 쌓이면 생각과 기분은 엉망진창으로 흘러갈 확률이 높다. 이럴 때는 생각도전 코치를 불러내보자. 내 안의 생각도전 코치를 불러내려면 먼저 다음의 두 가지 질문이 필요하다.

❶ 이 생각이 나를 기분 좋게 하는가, 아니면 기분 나쁘게 하는가?

❷ 이 생각은 내가 다음 행동을 결정하는 데 도움을 주는가, 아니면 나를 옭아매고 아무것도 하지 못하게 만드는가?

자기 생각에 도전하는 방법

어떤 생각으로 인해 나쁜 기분이 들거나, 그 생각 때문에 해야 할 일을 하지 못하고 있다고 판단된다면 생각도전 코치를 불러내어보자. 생각도전 코치는 자기 자신이나 타인, 상황을 바라보는 좀 더 현실적인 방법을 떠올릴 수 있도록 도와준다. 일단 노트를 꺼내라. 그리고 아래 단계에 따라 적어보자.

1단계 정확히 무엇이 기분에 영향을 끼치고 있는지 적는다. 예) '상사가 내 보고서에 수정 사항을 잔뜩 표시해 피드백을 주었다.'

2단계 그 일로 인해 어떤 기분이 드는지 구체적으로 적는다. 긍정적이든 부정적이든 가장 먼저 떠오르는 단어를 적는다. 이 사례에서는 '당혹스러움'과 '걱정됨'이라고 적을 수 있다. 그밖에도 기분을 표현하는 흔한 단어로는 기쁨, 행복함, 만족스러움, 체념함, 놀라움, 염려됨, 초조함, 좌절감이 듦, 스트레스 받음, 슬픔, 화남 등이 있다.

3단계 부정적이거나 도움이 되지 않는 생각을 적는다. 머릿속에 어떤 생각이 떠오르는가? 이 상황의 어떤 면이 언짢은가? 예) '상사는 내가 쓸모없는 인간이고 맡은 일을 잘하지 못한다고 생각하는 게 틀림없어. 만약 해고당하면 어떡하지? 직장을 잃으면 모든 면이 영향을 받을 텐데!'

4단계 마음을 가라앉힌 다음, 지금 저지르고 있는 생각 오류 (p. 55)를 발견한다. 이 사례에서는 재앙화, 성급한 결론, 과잉 일반화에다 약간의 이분법적 사고까지 있었다. 안타깝게도 하나의 상황에 너무나 많은 생각 오류가 일어났다!

5단계 아래 목록에서 세 가지 질문을 선택한 다음 답변을 적는다.

- 당신의 생각은 근거를 바탕으로 한 것인가? 그렇다면 사실은 무엇인가?

- 이 일에 대해 생각하는 좀 더 합리적인/균형 잡힌/유익한 방법이 있는가?
- 지금 상황은 당신이 상상하는 것만큼 나쁜가?
- 당신이 무엇을 지레짐작한다고 해서 그것이 사실이라는 뜻인가?
- 상황을 바라보는 또 다른 방법이 있을 수 있는가?
- 이 상황 속의 다른 사람들은 무엇을 바라볼 것인가? 그들은 어떻게 해석할 것인가?
- 당신이 부정적인 면에 초점을 맞추고 다른 정보를 무시하고 있는 것은 아닌가?
- 이 꼬리표는 모든 상황에서 참인가?
- 이 상황에서 어떤 긍정적인 면을 알아차리지는 못했는가?
- 이 상황에서 잘 대처하기 위해 지금 당장 할 수 있는 유익한 일은 무엇인가?
- 일어날 수 있는 최악의 사태는 무엇인가? 가능성은 얼마나 되는가? 실제로 일어난다면 어떻게 대처할 수 있는가?
- 최악의 결과, 최상의 결과, 가장 가능성 높은 결과는 각각 무엇인가?
- 당신은 과잉 일반화하고 있는가?

6단계 상황에 대해 좀 더 균형 있게 현실적으로 생각할 방법을 정한다.

5단계에서 선택한 질문에 대한 답변을 활용한다. 例 '상사는 전에 내가 한 일을 만족스러워했으니, 이 보고서 하나 때문에 해고될 가능성은 적어. 예전에도 상사로부터 수정 사항을 지적받은 적이 있고, 피드백은 까다롭거나 옹졸하게 굴려는 의도가 아니라 언제나 도움이 되었으니까 개인적인 감정이라고 보기엔 무리가 있어. 다른 사람들도 이 프로젝트의 복잡함에 대해 언급한 적이 있지만, 상사는 그런데도 나에게 일을 맡겼으니, 내가 완전히 쓸모없는 인간이라고 생각할 리는 없어.'

좀 더 균형 잡힌 결과는 다음과 같다. '상사의 메모를 검토해보고 피드백에서 배울 점이 있는지 살펴봐야겠어. 뭔가 석연치 않은 부분이 있다면 언제든 추가로 질문을 할 수 있겠지.'

7단계 상황에 대한 기분을 다시 검토한다.

例 '완전히 솔직해지자면 내가 처음부터 제대로 해내지 못한 게 아직도 약간 실망스러워. 하지만 나는 완벽주의 성향이 있으니 이런 마음이 드는 것도 놀라운 일은 아니지. 이제는 피드백을 잘 받아들일 것 같은 기분이고, 조금 더 확신이 생겼고, 걱정스러운 마음이 누그러졌어.'

"어떤 상황에서 특정한 기분이 드는 이유는 이에 대한 우리의 해석 때문이다."

책에서 얻은 교훈

2009년에 나는 《마음의 알파벳: 인생의 A부터 젠까지(The Alphabet of the Human Heart: The A to Zen of Life)》라는 책을 맹렬하게 작업하고 있었다. 죽마고우인 제임스 커와 공동 집필 중이었는데, 참고로 그는 내가 광고계에 발을 딛도록 영감을 준 장본인이었다. 제임스는 굉장히 뛰어난 작가이고, 나는 이 책을 쓰기에 제임스만큼 완벽한 사람도 없다고 생각했다. 출판사에 원고를 인도하기 전까지 몇 개월이 남은 시점, 슬프게도 나의 완벽주의와 스트레스 수준이 최고치에 달해 있었다. 부담감을 덜려고 그래픽 디자이너를 고용한 적도 있었지만 예상했던 대로 성에 차지 않아서 관두게 했다. 제임스는 작업을 척척 진행 중인데 나는 진전을 못 보고 있어서 마음이 초조해졌다. 게다가 그는 런던에서 살고 있어서 시차 때문에 이른 아침이나 밤늦은 시각이 되어야만 이야기를 나눌 수 있었다. 나는 콘셉트를 잡고 그림을 그리고 배치를 정하고 제임스와 연락을 주고받으면서도 이 작업이 점점 즐겁게 느껴지지 않았다.

어느 날 밤, 나는 또 한 번 연필을 부러뜨리고 싶은 충동을 느끼고 나서 제임스에게 다음과 같은 이메일을 한 통 날렸다. '잠이 안 와. 작업이 즐겁지가 않다고. 마감일을 못 맞출 것 같아. 잘하고 있는 건지 자신도 없고. 내 그림 진짜 마음에 안 들어.' 그때까지는 내가 어떤 의구심도 표현한 적이 없었기 때문에 제임스는 그 이메일을 읽고 분명 충격을 받았을 것이다.

우리는 때로 발작이나 계시처럼 번갯불이 번쩍하는 순간을 맞이한다. 그런 순간은 우연히 엿들은 대화를 가장하여 찾아오기도 하고, 신문기사의 머리기사나 벽에 그려진 낙서를 볼 때 일어나기도 한다. 내 경우는 제임스가 나름대로 심사숙고하여 보낸 회신이었다. 그의 이메일에는 달랑 이렇게 적혀 있었다. '빌어먹을 그 책을 읽으라고!'

솔직히 그것은 대단히 적절한 충고였다. 그의 말이 절대적으로 옳았다. 우리가 작업하던 책은 의미, 존재 이유, 균형에 관한 책이었는데, 나는 책에서 말하는 대로 실천하고 있지 않았다. 사실, 내가 스트레스에 예민한 이유는 바로 나 자신에게 있었다. 우리 집 문을 쾅쾅 두드리며 '책이 어디 있나요?'라고 묻는 사람은 아무도 없었고, 또 제임스가 '네 그림이랑 아이디어는 정말 구려!'라고 이야기한 적도 없었다. 나 혼자서 나 자신을 채찍질하고 있었을 뿐이었다.

그의 이메일을 읽는 순간, 나는 폭소를 터뜨렸고 즉시 컴퓨터를 끄고 마음을 추슬렀다. 다시는 그런 식으로 화내지 않겠다고 다짐했고, 이후로는 한 번도 그런 말을 한 적이 없다.

이 이야기에서 배울 점

지혜는 짧은 문장에 담겨 있다.

먼저 자기 자신에게 친절하라

생각에서 한 발 물러나기

누구나 가끔은 부정적인 생각(아마도 자기 자신에 대해)을 떨쳐버리기 너무 힘들거나 거의 불가능한 상황을 경험할 때가 있다. 이런 일이 벌어지는 것은 그 생각 안에 갇혀버렸기 때문이다.

이럴 때는 생각에서 벗어나거나 고여 있는 생각을 해체할 필요가 있다. 이럴 때, 당신은 현실과 동떨어져 있다든지, 정신이 팔려 있다든지, 혹은 혼자만의 세계에 빠졌다는 주위의 평가와 함께 긴장을 풀고 그 생각을 하지 말라는 충고를 듣게 된다. 하지만 어떤 일에 관해 생각하지 않으려고 애쓸 때 무슨 일이 벌어지는지 우리는 잘 알고 있다. 불행하게도 그 생각 말고는 아무것도 떠오르지 않는 것이다. 이제부터 춤추는 분홍색 코끼리만 빼고 다른 생각을 해보라. 자, 어떠한가?

생각 해체

연구 결과에 의하면 생각 해체(Thought Defusion)는 끈질긴 생각에서 벗어나는 데 도움이 된다. 생각 해체는 수용전념 치료(Acceptance and Commitment Therapy, ACT)에서 가져온 심리학적 기법으로 우리가 떨쳐버리기 힘든 생각 속에서도 인생을 잘 살아갈 수 있게 도와준다. 정신의 볼륨을 낮추고 생각이 강렬한 헤비메탈 록이 아닌 배경의 소리처럼 들리도록 만들어주기 때문이다.

생각에 완전히 휩쓸리지 않고 멀찍이 뒤로 물러서서 생각을 바라보는 것이 비결이다. '생각을 통해' 바라보지 말고 '생각을' 바라보는 것을 목표로 해야 한다. 예를 하나 들어보겠다. 직장에서 큰 실수를 저지른 후, 당신은 이렇게 생각할 수 있다. '나는 구제 불능의 멍청이야. 어떻게 그럴 수가 있지?' 이 생각을 할 때 당신은 그게 생각이라는 사실조차 의식하지 못한다. 생각에 완전히 빠져서 그것을 사실로 믿어버리기 때문에(혹은 누군가에게 그런 말을 들었기 때문에) 당신이 실제로 그렇게 보이는(멍청하게 느껴지는) 것이다. 이럴 때는 생각이 당신을 집까지 따라와서 비참하게 만들지 않도록 생각으로부터 약간의 거리를 두어야 한다.

생각을 해체하는 방법

아래의 단계에 따라 생각의 융합과 해체를 연습해두면 가장 절실하게 필요한 순간에 도움이 될 수 있고, 정신과의 관계도 건강하게 달라질 수 있다.

1단계 부정적인 생각을 찾는다.

부정적이고 자기비판적인 생각 한 가지를 노트에 적는다. 예를 들면 다음 질문 중 하나에 답해보라. 거울을 볼 때 당신의 정신은 당신의 신체에 대해 뭐라고 말하는가? 당신의 정신은 당신의 업무 능력에 대해 뭐라고 말하는가? 당신의 정신은 친구들이 당신을 어떻게 생각한다고 말하는가?

2단계 생각을 짧은 문장으로 표현하고, 그 생각과 혼연일체가 된다.

㉮ '나는 구제 불능의 멍청이야.' 다음 20초 동안 이 생

각 속에 녹아든다. 생각에 깊이 집중하고 모든 주의를 기울이고 될 수 있는 대로 최대한 그 사실을 믿어라. 이제 무엇을 알아차렸는가? 상당히 지독한 기분이 들지 않는가? 이처럼 생각을 밖으로 꺼내어 표현하면 실제로 그렇게 믿게 된다.

3단계 생각을 해체한다.

'나는 ……라는 생각을 하고 있다'는 문구를 붙여서 처음의 생각을 머릿속에서 조용히 되풀이한다. ㉮ '나는 내가 구제 불능의 멍청이라는 생각을 하고 있다.' 이 문장을 20초 동안 되풀이한다.

4단계 생각을 한 번 더 해체한다.

생각을 다시 한 번 되풀이하되, 이번에는 문형을 다음과 같이 바꾼다. '나는 ……라는 생각을 하고 있다는 사실을 알아차렸다.' ㉮ '나는 내가 구제 불능의 멍청이라는 생각을 하고 있다는 사실을 알아차렸다.' 이 문장을 20초 동안 되풀이한다.

어떤 느낌이 드는지 잠시 관찰해보라. 생각과의 단절감 또는 거리가 느껴졌는가? 그 생각이 사실이라는 느낌이 줄어들었는가? 만약 그렇지 않다면 다른 생각으로 다시 한 번 연습해 보라.

마음을 괴롭히는 생각 앞에 단어 몇 개만 넣어도 그 생각으로부터 나를 분리할 수 있으며, 결국 같은 상황을 더 수월하게 넘길 수 있다. 이밖에도 다음과 같은 문형을 시도해볼 만하다.

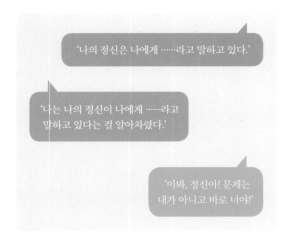

'나의 정신은 나에게 ……라고 말하고 있다.'

'나는 나의 정신이 나에게 ……라고 말하고 있다는 걸 알아차렸다.'

'이봐, 정신아! 문제는 내가 아니고 바로 너야!'

시각화를 통한 생각 해체

심리학자 러스 해리스 박사를 비롯한 다른 수용전념 치료 연구자들은 생각 해체에 숙달할 수 있는 다양한 방법을 제시해왔다. 어떤 사람들은 위와 같이 문장을 이용하는 언어적 접근법을 수긍하지만, 또 다른 사람들은 상상력을 발휘해 고여 있는 생각을 해체하는 방법이 더 쉽다고 말한다. 우리는 생각을 이미지로 그려봄으로써 생각을 나와 동떨어진 별개의 사물로 바라볼 수 있고, 그 결과 취해야 할 행동에 관해 좀 더 현명하고 균형 잡힌 결정을 내릴 수 있다. 무엇보다 행동은 기분에 영향을 준다는 사실을 꼭 기억한다.

생각을 시각화하는 다양한 방법

추상적인 생각을 시각적으로 바꿔주면 좀 더 쉽게 생각을 조절할 수 있다. 이제부터 연습해보자. 생각을 시각화한 다음(이름을 붙이거나 색깔을 부여해도 좋다) 그대로 놓아주는 것이다. 생각을 다음과 같은 이미지로 시각화할 수 있다.

- 하늘을 떠다니는 구름이나 창공을 날아가는 새. 움직이지 않고도 구름과 새를 바라볼 수 있다.
- 바다에서 밀려와 부서지는 파도. 파도에 휩쓸리지 않고 해변에서 파도를 바라볼 수 있다.
- 물살을 따라 떠내려오는 나뭇잎과 막대기. 강에 뛰어들지 않고 다리에서 구경만 할 수 있다.
- 선로에 들어오고 나가는 기차. 플랫폼에 서서 바라볼 수 있다.
- 공항 컨베이어 벨트 위에 떨어지는 여행 가방. 가방을 집어 들지 않고 지나가는 모습을 바라볼 수 있다.
- 거리를 지나가는 낯선 사람들. 살짝 고개를 숙여 인사할 수도 있지만 발걸음을 멈추고 대화를 나눌 필요는 없다.
- 인터넷 팝업 창. 굳이 클릭할 필요 없다.

생각 해체 기법

수용전념 치료에서 유래된 빠르고 쉬운 생각 해체 기법을 5가지 더 소개한다. 의심스러운 생각에서 벗어나는 데 도움이 될 것이다.

❶ 반복 말하기

생각을 소리 내어 빠르게, 여러 번 반복해서 말해본다(예 '나는 멍청이야'). 생각이 얼마나 빨리 그 의미(와 당신에 대한 영향력)를 잃어버리는지 깜짝 놀라게 될 것이다.

❷ 이야기에 이름 붙이기

생각을 간략하게 요약한 다음 별명을 붙인다. 예를 들어 당신이 '나는 형편없는 패배자야'라는 생

각을 자주 한다면 그것을 '패배자 이야기'라고 명
명한다. 이다음에 그 생각이 떠오를 때 '아, 또 패배
자 이야기네. 고마워, 정신아'라고 말한다. 그런 다
음 원래 하던 일로 관심을 돌린다.

❸ 우스꽝스러운 목소리 내기

아주 느린 속도로, 아니면 우스꽝스러운 목소리로
생각을 말하거나 노래한다. 친숙한 동요나 전혀 다
른 가사의 노래 선율을 이용해도 좋다.

❹ 화면 속 모습을 상상하기

생각의 단어들이 마치 화면보호기처럼 컴퓨터 화
면을 돌아다니는 모습을 상상하거나, 노래방 화면
의 통통거리는 공이 생각의 단어 사이를 지나가는
장면을 그려본다.

❺ 만화로 만들기

생각을 동작 시퀀스로 활용한 만화를 만든다. 말도
안 되게 어이없고 엎치락뒤치락하는 결말로 마무
리되도록 해야 한다.

생각 해체는 당신이 익혀야 할 아주 중요한 기술 중
하나이다. 매일 새로운 기법을 하나씩 사용해보고, 그
림자처럼 따라다니는 생각을 떼어내는 데 가장 효과
적인 기법을 고른다.

생각을 시각화하고
그대로 놓아준다.

> "스트레스에 맞서는 가장 큰 무기는
> 다른 생각을 선택할 수 있는 능력이다."

윌리엄 제임스(미국의 철학자 겸 심리학자)

나쁜 뉴스가 주는 교훈

친구와 커피 한잔하면서 밀린 이야기를 나누다 내가 물었다. '시리아에서 일어난 일 끔찍하지 않아?' 그가 되물었다. '시리아에서 무슨 일이 일어나고 있는데?' 나는 말했다. '정부가 민간인들을 폭격 중이잖아. ISIS(이슬람 극단주의 무장 세력)가 그런 잔학한 짓을 저지르고 있는 걸 모른단 말이야?' '응, 몰랐어.' 그는 대답했다. '진짜? 너 뉴스도 안 보고 살아?' 나는 소리쳤다. 그러자 그가 대답했다. '응, 안 봐. 되도록 피하려고 하지. 뉴스는 대부분 나쁜 소식이라 스트레스를 주고 사람을 기운 빠지게 하니까. 내가 딱히 할 수 있는 일도 많지 않고. 차라리 나는 긍정적이고 건설적인 에너지를 가족, 친구, 일, 지역사회에 쏟겠어. 거기선 내가 지속적이고 긍정적인 변화를 일으킬 수 있잖아. 그러다 보니 뭔가 중대한 사건이 벌어지면 보통 너 같은 사람들에게서 소식을 듣게 되지.'

나쁜 소식을 전하는 전령이 되어버린 것 같은 느낌과는 별개로 나는 처음에 친구의 태도가 약간 눈 가리고 아웅 식이라고 생각했지만 생각해볼수록 그의 말이 일리 있다는 사실을 깨달았다. 저녁 뉴스는 자동차 사고, 살인, 납치, 테러 공격, 자연재해 소식의 종합선물세트이고, 희망을 완전히 버리지는 말라는 듯이 귀여운 새끼고양이나 판다 영상으로 마무리되는 게 보통이다. 전 세계 곳곳에서 일어나는 좋은 뉴스와 사람들의 놀라운 성취는 부정적인 뉴스만큼 흡입력이나 극적인 요소가 없고 시청률을 올리지도 못한다. 우리가 테러, 폭력, 국제 갈등, 환경파괴 등에만 온 관심을 쏟으면 우리의 세계관도 불가피하게 영향을 받고, 그것은 결국 우리의 두려움, 걱정, 스트레스를 부추긴다. 이제부터 신문 없이 사는 내 친구를 본받아 정신건강에 이로운 일상을 즐겨보면 어떨까.

이 이야기에서 배울 점
인생을 살다 보면 때로 모르는 게 약이다.

주의 분산의 효과

가끔은 괴로운 생각이 감당할 수 없을 만큼 커져서 가만히 앉아 어떤 일에 집중하기도 힘들 때가 있다. 예를 들면 배우자나 연인과 불화가 생기거나 해고 통보를 받았을 때, 그밖에 치명적으로 나쁜 소식을 듣고 견디기조차 힘든 감정이 빠져서 벌어질 수 있는 일이다.

이럴 때는 '주의 분산' 방법을 활용하면 반응을 제어하고 다음 단계로 나아갈 수 있다. 주의 분산은 당신이 '지금'과 '여기'로 돌아오게 하고, 또한 상황을 더 악화시키지 않고 스트레스의 파도를 넘을 수 있도록 도와준다.

그런데 주의 분산은 문제를 당장 바꾸거나 해결할 수 없을 때 단기적인 도구로만 활용되어야 한다는 점을 꼭 기억하자. 주의 분산을 매번 사용할 수는 없다는 것이다. 만약 그렇게 하면 인생의 문제점이 생길 때마다 회피하는 도구로 전락하고 말 수 있다.

심리학에 '감정은 감정을 사랑한다'라는 말이 있다. 많은 경우, 우리는 지금 느끼는 감정을 더 악화시키는 행동에 빠져든다는 의미이다. 하지만 감정이 시키는 것과 정반대의 행동을 하면 어떨까. 당신의 머릿속은 깨끗이 비워지고 감당하기 힘들어 보였던 생각, 기분, 스트레스 요인으로부터 약간의 거리를 확보할 수 있다. 감정과 반대로 행동하면 그렇다는 것이다. 정말 멋지지 않은가. 이 기법을 사용해 일단 스트레스 온도계의 수치를 떨어뜨린 후, 다른 스트레스 완화 기법들로 상황을 더 잘 관리할 수 있다.

감정과 반대로 행동하기

이 기법은 심리학자 마샤 리네한 교수의 변증법적 행동치료(DBT, Dialectical Behavior Therapy)에서 나온 것이다. 감정을 차단하거나 억누르는 게 아니라, 다르게 행동하여 감정의 강도를 약화시킨 다음, 기분을 서서히 바꿔나가기 위해 조치를 취하는 방법이다.

❶ 지금 느껴지는 기분이 무엇이고, 그 기분을 바꾸고 싶은지 파악한다.

❷ 집중을 요구하고 그럼으로써 감당하기 힘든 생각과 감정으로부터 정신력을 분산시키는 적절한 유형의 활동을 찾는다.

❸ 반대 행동을 통해 감정의 강도를 낮추고 나면, 더 명확하게 생각하고 스트레스 요인에 대해 좀 더 도움이 되는 의사결정을 내릴 수 있다.

감정에 따라 다음과 같은 행동이 도움이 될 수 있다.

• 정반대의 감정을 일으키는 노래를 고른다.
• 기분을 바꾸어주는 감동적인 영화를 선택한다.
• 단시간, 고강도의 운동으로 몸의 화학작용을 바꾸고 처진 기분을 끌어올린다. 견디기 힘든 기분을 바꾸려면 체내 화학물질에 변화를 가져올 정도로 폭발적인 운동이어야 한다.
• 어린이나 애완동물과 놀이를 한다.
• 창의력을 발휘한다. 그림을 그리거나 색칠을 하고 모형을 만들고 새로운 기술을 익힌다.
• 행사, 연극, 연주회에 참석한다.
• 친구와 시간을 보낸다. 당신의 문제에 관해서는 말하지 않도록 노력한다.

내 기분을 끌어올리는 동시에 스트레스 온도계의 수치를 떨어뜨릴 수 있다는 거지.

마음챙김으로 현재에 머물기

연구에 의하면 마음챙김은 스트레스 온도계의 수치를 떨어뜨릴 수 있는 확실한 방법 중 하나다. 이것은 우리가 혼자서 활용할 수 있는 가장 효과적인 스트레스 완화 도구이며, 수백 년간 사람들의 몸과 마음에 도움을 주어왔다. 마음챙김은 명상의 한 형태지만 신앙이나 영성이 있어야만 수련의 혜택을 경험할 수 있는 것은 아니다. 마음챙김이 무엇이고 왜 효과적이며, 어떻게 실천하는 것인지 살펴보자.

마음챙김의 효과

- 스트레스 완화
- 불안 완화
- 우울을 완화하고 재발을 방지
- 수면 개선
- 괴로운 생각을 감당할 수 있는 능력 개선
- 중독과 관련된 충동 완화
- 긍정적인 기분을 높임 – 행복감 및 낙관주의와 연결된 뇌 영역을 활성화
- 자기인식을 높임
- 대인관계 기술을 향상하고 관계에서 오는 스트레스를 줄임
- 삶의 질을 높임
- 면역체계 활성화, 통증 경감, 고혈압 완화 등 바람직한 신체적 효과
- 뇌의 구조를 바꾸고 기능을 향상
- 집중력과 초점을 높이고 압박을 받는 상태에서 생각하는 능력을 개선
- 기억력과 한꺼번에 여러 작업을 수행하는 능력 개선

마음챙김이란 무엇인가?

마음챙김은 오감을 통해 획득한 현재의 경험에 주의 깊게 관심을 기울이는 일이다. 오감은 보고 듣고 냄새 맡고 맛보고 느낄 수 있는 것을 가리키며, 여기에 감정, 생각, 행동까지 포함할 수 있다. 물론 이 모든 대상에 한꺼번에 집중할 필요는 없다. 오히려 마음챙김의 목표는 당신을 현재에 머물게 하는 한 가지에만 초점을 맞추되, 그 경험이 나쁜지 좋은지 판단하지 않는 것이다.

내담자들은 '내가 무엇 때문에 현재에 머물고 싶겠어요? 나는 현재가 싫다고요! 그래서 여기를 찾아온 거고요'라고 이야기한다. 그러면 나는 문제가 되는 것은 지금과 여기가 아니라 지금과 여기에서 당신이 '생각하는' 방식이라는 것을 상기시킨다. 세 장소(과거, 현재, 미래) 중에서 당신의 정신이 과거의 반추나 미래의 걱정으로 이어지지 않는 유일한 장소는 바로 지금, 이 순간의 현재다. 걱정과 자책이 없는 상태에서야 정신을 보다 더 현실적인 장소로 돌려놓을 수 있다. '이봐, 상황이 완벽하지는 않지만 나는 안전하고 입을 옷과 쉴 곳이 있고, 원한다면 필요한 조치를 해서 상황을 바꿀 수도 있잖아'라고 정신을 달랠 수 있게 된다.

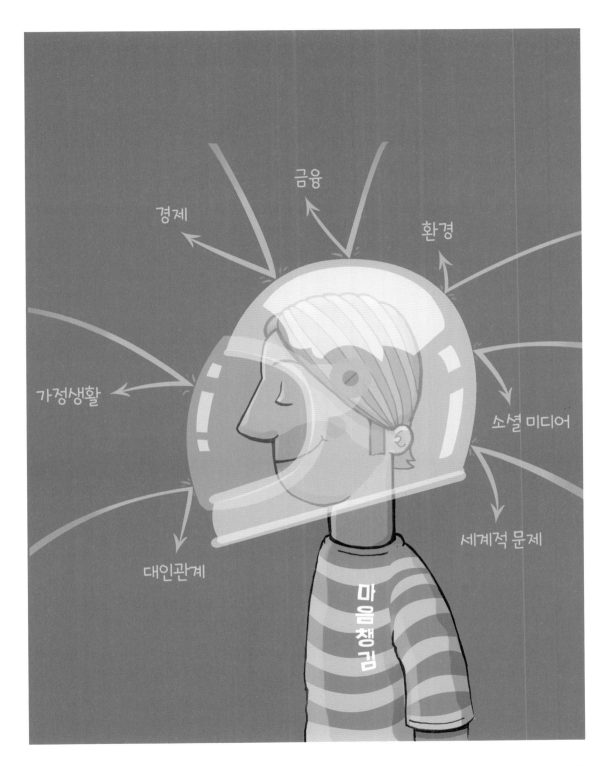

마음챙김은 뇌의 프로그램을 재구성한다

연구 결과는 우리가 일상에서 마음챙김을 좀 더 적극적으로 실천할 필요가 있음을 보여준다. 마음챙김은 성마른 성격의 사람들에게 특히 도움이 될 수 있다. 스트레스를 받거나 초조할 때는 누구나 쉽게 참을성이 부족해질 수 있지만 말이다. 우리가 매일 마음챙김을 실천해야 하는 몇 가지 중요한 이유가 있다.

예일대학교 연구진은 마음챙김 명상이 뇌의 디폴트 모드 네트워크(Default Mode Network, DMN)의 활동을 감소시킨다는 사실을 발견했다. 디폴트 모드 네트워크란 정신이 현재의 순간에서 벗어나 방랑하도록 허용하는 신경망을 말한다. 정신이 이렇게 방랑하는 이유는 우리의 집중력은 위협에 초점을 맞추도록 진화했는데, 요즘 우리가 직면하는 위협은 물리적인 위협보다 심리적인 위협이 더 많기 때문이다. 이렇게 심리적인 위협에 집중하다보면 정신은 내면의 대화에 신경을 쓰느라 현재의 경험에서 멀어져버린다.

디폴트 모드 네트워크는 자동조종 장치와 비슷하다. 우리가 '현재'에 머물 때, 즉 마음챙김의 상태에 있을 때 활성화되는 주의 집중 네트워크(Focused Attention Network, FAN)의 정반대라 할 수 있다. 주의 집중 네트워크 모드일 때, 우리는 문제를 창의적으로 해결하거나, 경험을 음미하거나, 어떤 활동에 몰입할 수 있다. 주의 집중 네트워크가 활성화되어 있는 동안 우리의 관심은 대개 외부로 향한다. 어린아이와 놀아주려면 얼마나 상황에 몰입해야 하는지, 그럴 때 얼마나 즐거운지 생각해보라. 아이들이 알고 느끼는 것은 오직 현재뿐이어서 당신이 잠시라도 현재에서 멀어지려고 하면 얼른 당신을 붙잡을 것이다.

그런데 안타깝게도 우리는 전체 시간의 50퍼센트를 (어떤 사람들은 그보다 더 많이) 마음의 방랑 상태인 디폴트 모드 네트워크 모드로 지낸다. 그 상태에서 이야기를 엮고, 만약을 상상하고, 방향성 없는 대화를 만들어내고, 진위가 불분명한 사실들을 끌어다가 자

기 자신에게는 해롭고 모두에게는 쓸모없는 소설을 지어낸다.

디폴트 모드 네트워크 상태에서 우리는 과거를 곱씹고, 미래를 걱정하면서 많은 시간을 보내기 때문에 대체로 행복하지 않다. 하버드 대학의 한 연구에서는 정신이 현재의 순간을 경험할 때보다 방랑할 때, 사람들의 행복감이 훨씬 낮아지는 것으로 나타났다. 즐거운 화제에 관한 몽상을 한다고 해도 현재에 머무는 것보다 더 행복해지지는 않았다. 오히려 정신적으로 현재에 머물면 다른 행동을 할 때보다 사람들의 행복감이 4배 이상 높아졌다.

행복은 무엇을 하느냐보다 무슨 생각을 하느냐가 훨씬 더 중요하다. 이 사실을 알고 나면 우리는 각자 자신의 행복을 한층 더 자유롭게 제어할 수 있다. 자신의 처지를 한탄하면서 이렇게 말하는 사람들이 있다. '아, 내가 저 사람이랑 사귈 수만 있다면, 혹은 저 회사에 취직한다면 행복할 텐데…' 하지만 실제로 그렇게 된다 하더라도 행복하지 않다는 것을 보여주는 증거는 얼마든지 많다. 우리에게는 마음챙김이 더 필요할 뿐이다.

이러한 연구 결과는 지각(perception)에 대해 현재까지 우리가 알고 있는 사실과 자연스럽게 연결된다. 미국 메이요 클리닉의 아미트 수드 박사는 우리가 두 개의 평행 세계에 산다고 설명한다. 하나는 오감을 통해 외부의 현실을 받아들이는 지각 세계이고, 다른 하나는 생각, 기분, 감정으로 이루어진 각자의 내적 환경인 관념 세계다. 이 두 세계는 분리할 수 없고 서로 끊임없이 영향을 주고받는다. 예를 들면 평온한 외부 환경(숲이나 산에서 보내는 휴가)은 생각을 유연하게 하거나 기분을 바꿔줄 수 있다. '이건 별일 아니야. 내가 감당할 수 있어'라고 마음을 바꾸게 되는 것이다. 반대로 사람이나 세상에 대한 생각과 기분이 누그러지면 지각이 달라질 수 있다. '흠, 저 사람 아주 엉터리는 아니네. 같이 일할 수도 있겠어'와 같은 식으로 말이다. 이런 일은 수시로 일어난다.

이 모든 연구를 통해 알 수 있는 것은 우리가 스트레스와 행복감을 생각보다 더 많은 부분을 제어할 수 있다는 사실이다. 그리고 이 모든 것은 마음챙김의 상태에 이르는 것에서 시작된다.

마음챙김의 구성 요소

마음챙김의 상태에 이르려면 이 세 가지가 필요하다.

❶ 인식(Awareness)

인식은 어두운 방에 들어온 한 줄기의 빛과 같다. 빛이 들어오기 전에는 완전히 깜깜하지만(아무것도 감지할 수 없는 상태) 빛이 들어오면 의자나 탁자 같은 사물의 존재를 인식할 수 있다. 우리는 또한 특정한 소리, 냄새, 맛, 향, 느낌, 생각 등을 인식할 수 있다.

❷ 주의(Attention)

이것은 목표가 뚜렷한 정신 활동이다. 우리는 인식 내의 어떠한 대상이든 거기에 주의를 기울임으로써, 현재에 머물고 하나 이상의 감각 경험에 집중할 수 있다.

❸ 인식의 대상(An object of awareness)

이것은 우리가 실제로 감지하는 대상이다. 우리가 보고 듣고 느끼고 맛보고 냄새 맡고자 하는 것은 인식의 대상이 된다. 대상에 관한 모든 정보를 담고 있는 것은 정신이라는 점에 유의한다.

마음챙김을 연습하는 방법

마음챙김 활동을 위한 네 단계는 다음과 같다.

1단계 인식의 대상을 선택한다

무엇이든 상관없다. 보통 음악 한 곡, 호흡, 음식 등 집중하기 쉬운 대상을 선택하는 편이 좋다.

2단계 인식의 대상에 모든 주의를 기울인다

주의 깊게 집중한다. 대상(예 꽃)을 선택했으면 평생한 번도 본 적 없는 것처럼 그 대상을 살펴본다. 모양, 색깔, 질감, 냄새뿐 아니라 다양한 각도에서 빛이 반사되는 모습에 주목한다. 음악이라면 다양한 악기와 목소리, 음색, 높낮이, 크기의 변화 등 모든 소리에 귀 기울인다. 이러한 특징이 좋다, 나쁘다 판단하지 말고 그냥 알아차려야 한다는 점을 기억한다.

3단계 주의가 흩어질 때를 알아차린다

이것은 반드시 일어나는 일이고 정상적인 현상이다. 당신의 목표는 그 순간을 알아차리는 것이다. 알아차리기까지 몇 초, 혹은 몇 분이 걸릴 수 있다. 얼마나 오래 걸리는지는 중요하지 않고, 그런 일이 벌어졌다는 사실을 알아차리기면 된다.

4단계 당면한 과제로 부드럽게 주의를 되돌려놓는다

다시 말하면 대상을 인식하는 것이다. 집중력을 유지하지 못한다고 해서 자책하지 말고, 집중력이 흩어질 때마다 주의를 되돌려놓기만 한다.

나의 내담자 중 한 명은 '연민의 마음으로 돌아오기(Compassionate Comeback)'라는 표현을 만들었다. 집중력을 잃었다는 사실을 인식할 때, 자기 자신에게 연민을 가져라. 주의를 되돌려놓을 기회로 받아들이고, 그러면서 마음챙김을 실천하고 있다는 사실을 인지하라!

3단계와 4단계를 계속 반복한다. 여기서 목표는 정신의 잡담을 없애는 게 아니다. 그건 불가능하다. 오히려 열린 마음과 호기심 어린 태도로 판단하지 않으면서 정신의 잡담을 알아차린 다음, 현재의 순간으로 주의를 되가져와야 한다. 이렇게 하는 동안 마음이 차분해지는 것이 느껴질 것이다. 마음챙김의 목표가 꼭 긴장 이완은 아니지만, 하고 나면 편안해짐을 느낄 수 있는데, 말하자면 기분 좋은 부작용이라 할 수 있다.

어떤 사람들은 나에게 이렇게 말한다. '시도해봤는데 잘 못 하겠어요. 저는 별로 소질이 없나 봐요.' 하지만 몇 번 시도해보고 포기하는 것은 한 번 달리기를 하러 나갔다가 튼튼해져서 돌아오기를 기대하는 것과 같다. 마음챙김은 기술이고, 어느 기술이나 마찬가지로 연습을 통해 더 나아질 수 있다. 인내심을 갖고 꾸준히 노력하면 후회 없을 것이다.

마음챙김을 위한 팁

- 매일 시간을 정해 놓고 마음챙김 기법을 수련한다. 그러면 실제로 실천하게 될 가능성이 커진다.

- 마음챙김을 수련하지 않는 날이 이틀을 넘지 않도록 주의한다. 이틀을 넘기면 포기할 가능성이 크다.

- 처음에는 하루 5분도 괜찮다. 한 달 동안 매일 10~15분 동안 수련을 목표로 삼으면 어느덧 습관이 된다. 그러면 일상의 루틴으로 훨씬 쉽게 할 수 있고, 이로운 효과도 맛보게 될 것이다.

마음챙김은 지금, 이순간,
여기에 당신이 있는 것이다.

일상에서 마음챙김

마음챙김은 여러 가지 방식으로 수련할 수 있다. 집이라면 눕거나 좋아하는 의자에 앉아서, 직장이라면 책상 앞에 앉거나 점심시간 밖에 나가 공원에서 할 수도 있다. 경험의 기회는 다양하고 많다. 딱딱하게 정좌한 자세만이 필요하지는 않다. 일과 중에도 격식 없이 마음챙김을 수련할 수 있다. 샤워나 양치, 요리를 하면서 혹은 음식을 먹거나 개를 산책시키면서도 가능하다. 어떤 방식을 선택하든 목표는 정신의 모든 잡담을 인식하고 부드럽게 주의를 되가져오는 것이다(예) 먹고 있는 사과의 냄새, 맛, 질감을 알아차리기).

먼저, 하루의 일과 중에서 한 가지 활동을 선택하고, 그것을 한 번도 해본 적 없는 것처럼, 혹은 전혀 다른 문화에서 온 사람에게 시범을 보이는 것처럼 그 활동에 집중한다. 그 활동 중에 이루어지는 모든 행동을 알아차린다. 이렇게 하면 아마도 모든 감각의 인식력이 활성화될 것이고, 여기서 몸의 움직임에 특별히 주의를 기울인다. 동작을 과장하고 움직임의 속도를 늦추어 그 순간에 완전히 몰입한다.

일상 속 마음챙김 활동

- 아침에 차 또는 커피를 마시거나 아침 식사를 하면서
- 집안일을 하면서
- 음악감상 중에
- 아침 또는 저녁 외출을 위해 옷을 차려입을 때
- 출퇴근길에
- 공원 산책 중에
- 다른 사람을 인식할 때 – 시선 마주치기, 적극적으로 경청하기, 사려 깊은 태도로 말하기

마음챙김 샤워

마음챙김 샤워를 예로 들어보자. 그런데 먼저 마음챙김과 거리가 먼 샤워가 어떤 모습인지부터 묘사해보겠다. 먼저 잠에 취한 눈으로 수도꼭지를 향해 손을 뻗고 차가운 물에 팔을 움찔한다. 이어서 잠옷을 욕실 바닥에 대충 벗어놓는데, 나중에 수건을 찾으러 가다가 물에 젖은 발로 이 잠옷을 짓밟는다. 샤워실 안에 들어와서 몸에 닿는 물을 흐릿하게 인식하지만 물 온도를 맞추느라 씨름하다보니 그러한 인식은 곧 끊어진다. 실제 샤워는 허둥지둥한 손놀림에 지나지 않아서 몸에 닿는 손의 압력도 방향도 마구잡이다. 그러는 동안 생각은 어젯밤에 본 텔레비전 드라마의 줄거리를 떠올리고, 형편이 어려운 친구의 저녁 초대를 어떻게 하면 거절할 수 있을까를 고민하고, 더 나아가 최소한의 에너지로 마음에 안 드는 직장에 붙어 있을 방법을 궁리한다. 산만한 생각에 샤워실 안에 물은 이리 튀고 저리 튄다. 하루를 시작하기도 전에 깊은 한숨부터 쌓인다.

반대로 마음챙김 샤워에서는 행동, 과정, 현상 하나하나에 주의를 기울인다. 수도꼭지를 향해 손을 뻗을 때 물이 바닥을 때리고 배수구를 따라 흘러가는 소리에 귀 기울인다. 신중하게 옷을 벗고 잠옷은 고리나 걸이에 걸거나 깔끔하게 개켜놓는다. 샤워 스크린이나 커튼 안으로 들어간 후에는 물이 튀지 않게 꼭 여미어 닫는다. 그런 다음, 물이 직접 닿는 부분과 그렇지 않은 부분의 피부 온도 차이를 느낀다. 머리에 떨어지는 물의 감각에 초점을 맞추고 얼굴, 어깨, 가슴, 등에 떨어졌다가 다리를 타고 흘러내리는 물이 어떤 느낌인지 집중한다. 피부에 닿는 물의 온도와 압력에

다시 한 번 주목한다. 샤워실 유리와 벽에 맺히는 물방울을 관찰한다. 피어오르는 수증기를 지켜본다. 비누의 냄새, 비누가 피부에 닿는 느낌, 몸의 구석구석에서 다르게 느껴지는 비누의 감촉에 어떠한 판단도 없이 집중한다.

어떤 생각이 떠올라 이 활동에서 주의를 빼앗아가는 경우 이를 즉시 알아차린다. 사실, 주의는 몇 번이고 반복해서 다른 곳으로 흩어질 확률이 매우 높다. 사람들 대부분은 샤워로 하루를 시작하면서 분주한 마음으로 그날 하루를 계획하고 걱정하기 때문에 그냥 씻고만 있을 수가 없다. 하지만 그걸 짜증스러워하는 대신, 정신이 방랑했음을 인식하고 인정한 다음, 생각에 이름을 붙여(예 '일 생각' '친구 생각') 놓아준다. 그러고 나서 연민의 마음으로 주의를 샤워 활동으로 되가져온다. 주의력이 약하다고 느껴지면 수도꼭지를 찬물 쪽으로 돌린다. 호흡이 깊어지고 자세가 더 꼿꼿해지면서 금세 새로운 감각에 집중하게 될 것이다.

원한다면 샤워실에서 나간 직후 물기를 닦고 몸단장을 하는 단계까지 마음챙김을 계속 이어가도 좋다. 실제로 해보면 허겁지겁 서두를 때에 비해 그리 오랜 시간이 걸리지 않는다. 침착하고 중심이 딱 잡힌 상태로 마음이 맑고 깨끗해져서 아침 출근길을 시작하고, 그날 하루를 계획된 일들로 마주할 수 있다.

어느 하루를 마음챙김으로 시작해보고 정기적으로 실천하는 것을 목표로 삼는다. 스트레스 많은 하루를 앞두고 있다면 더더욱 마음의 여유를 찾는 데 도움이 될 수 있다.

생각과 느낌에 유념하기

마음챙김을 수련하는 옳고 그른 방식이 따로 정해져 있지 않음을 아는 것이 중요하다. 경험하고 있는 일에 주의를 기울이는 한, 그것이 바로 마음챙김을 수련하는 것이다. 마음챙김 활동을 하는 도중에 짜증이 난다면 짜증을 느낀다고 알아차리는 것이 마음챙김이다. 사실, 기분과 생각은 마음챙김을 위한 좋은 인식의 대상이다. 언제나 우리와 함께하기 때문이다. 반추는 상종하지 말아야 할 적이고, 정신의 지배에 놓이는 지름길이다. 때문에 생각이 떠오르는 대로 놓아주는 훈련을 하는 것이 중요하다. 정신이라는 독재자가 항상 우리 편은 아니라는 사실을 기억하자.

당신이 해야 할 일

- 생각이나 기분을 인식한다
- 생각이나 기분을 인정한다
- 생각이나 기분을 놓아준다

"하루를 잘 꾸리는 것이 삶을 잘 꾸리는 것과 다르지 않다."

마야 안젤루

휴대용 녹음기에서 얻은 교훈

샌프란시스코에서 살 때 사진에 대한 진지한 열정이 있었다. 특히 허름한 동네나 공업지대에서 사진 찍기를 좋아했다. 나는 그 활동을 '아름다움이 존재하지 않는 곳에서 아름다움 찾기'라고 이름 붙였다. 카메라와 함께 차 안에 항상 가지고 다녔던 장비는 소형 휴대용 녹음기였다. 나는 빛이 더 좋은 날 다시 와서 사진을 찍고 싶은 장소와 거리의 이름을 거기에 녹음했다. '리븐워스 가와 에디 가 사이의 멋진 낡은 간판'과 같은 식으로 말이다.

어느 날 운전을 하다가 얼핏 아래를 내려다보았는데 휴대용 녹음기의 빨간색 '녹음' 표시등에 불이 들어와 있었다. 차를 세우고 '멈춤'을 누른 나는 무슨 이유에서인지 녹음된 내용을 되감아서 들어보고 싶어졌다. 놀랍게도 약 10분에 걸쳐 손가락으로 운전대를 두들기며 행인들을 향해 서두르라고 말하고, 바뀐 신호등에 저주를 퍼붓고 중얼중얼 혼잣말하는 내 목소리가 거기에 고스란히 담겨 있었다. 희한한 건 운전석에 앉아서 그걸 듣고 있자니 전혀 기억이 나지 않았다는 사실이었다. 자동 조종 모드로 횡설수설하는 내적 정신 상태가 바깥으로 소리로 재생된 것이었다.

그 일을 계기로 나는 우리가 어디에 있고, 무엇을 하며, 기분이 어떻고, 무슨 생각을 하는지 거의 혹은 전혀 의식하지 않고 일상을 보낼 때가 얼마나 많은지 깨닫게 되었다. 묘한 일이지만 내가 마음챙김을 처음 접하게 된 것도, 그 무렵이었다.

이 이야기에서 배울 점
마음챙김은 어렵지 않다. 잊지 않고 실천하기만 한다면 말이다.
– 샤론 살스버그(미국의 유명한 명상 지도자)

3 **FEAR**LESS

두려움 없는 나

- 스트레스가 몸에 미치는 영향을 줄이는 방법
- 휴식-회복 반응을 활성화하여 스트레스를 해소하는 방법

이완이 필요한 이유

스트레스를 받으면 평소보다 실수가 잦아진다는 사실을 알고 있는가? 혹시 주변 사람들에게서 이런 모습을 발견한 적이 있는가? 어쩌면 이런 말을 들었던 적도 있을 것이다. '와, 그 사람이 그런 실수를 했다니 믿을 수가 없네. 대체 무슨 생각이었던 거야?' 사실, 신경생물학적 관점에서 그 사람은 생각을 하지 못했을 가능성이 크다. 스트레스는 이성적이고 상식적인 사고를 방해한다. 이제 그 사고를 정상화하는 방법을 알아보자.

내담자들이 심하게 스트레스를 받은 상태에서는 어떤 유익한 말을 해주어도 관심을 보이거나 제대로 귀 기울이지 않는다. 이럴 때 나의 일차적인 목표는 내담자들의 문제에 초점을 맞추고, 그들이 명료하게 생각할 수 있는 상태를 만드는 것으로 전환된다. 이를 위해 나는 착지(Grounding) 및 각성 완화(Arousal-Reduction) 기법으로 내담자들을 진정시킨다. 이는 호흡의 속도를 늦추고 몸 안 깊숙이 숨을 집어넣는 방법을 가리키는 용어다. 이렇게 하다보면 내담자들은 문제를 더 또렷이 파악하게 되고, 각성(공포 반응) 상태를 완화함으로써 자신에게 도움이 되는 메시지를 받아들일 수 있는 상태가 된다.

긴장 이완이 주는 혜택

- 호흡수와 심박수를 둔화
- 부교감신경계 활성화
- 혈압을 떨어뜨림
- 면역체계 강화
- 스트레스 호르몬의 활동 감소
- 근육으로 가는 혈류량을 높임
- 긴장과 만성 통증을 감소
- 집중력과 기분 개선
- 피로감 완화
- 분노와 좌절감을 낮춤
- 문제를 감당할 수 있다는 자신감을 높임

몸의 긴장을 풀어주면 마음도 편안해진다.

복식호흡 연습하기

복식호흡법을 익히려면 시계, 펜, 노트가 필요하다. 먼저, 평소와 같이 숨을 쉬면서 60초 안에 몇 번 호흡
하는지 세어본다. 다시 들이쉬었다가 한 번 내쉬는 호흡을 1회로 친다. 이 숫자를 적는다.

긴장을 푼 상태(휴식 상태)의 평균적인 성인은 1분에
12~20회 정도 숨을 쉰다. 보통은 숫자가 클수록 스트
레스를 많이 느끼고 있을 가능성이 높다. 스트레스를
줄이는 한 가지 방법은 더 천천히 숨을 쉬는 것이다.
잠시 마음을 진정시키고 1분에 10~12회를 목표로 천
천히 호흡하는 데 집중한다.

길고 천천히 호흡할수록 부교감신경계가 활성화되고
교감신경계가 비활성화되어 긴장이 풀리게 된다. 즉
투쟁-도주 반응을 휴식-회복 반응으로 대체하는 것
이다. 복잡한 원리가 아니다.

천천히 호흡하는 법을 익혔다면 이번에는 '어떻게' 호
흡하고 있는지 살펴볼 차례다. 사람들은 대부분 얕은
흉식 호흡을 한다. 폐를 일부만 채운다는 뜻이다. 흉
식 호흡은 체내 곳곳으로 산소를 보내기에 좋은 방법
이 아닐 뿐더러, 스트레스를 받을 때 더 자주 일어나
는데, 이는 스트레스를 악화시킨다. 여러 건강 관련
문제가 낮은 산소 수준과 연관되어 있으므로 이런 호
흡 방법을 바로잡을 필요가 있다.

복식호흡을 하는 방법

복식호흡은 리듬감 있게 효과적으로 숨을 쉴 수 있도
록 도와준다. 이를 통해 스트레스 반응이 당신을 장악

하는 일을 막을 수 있다. 복식호흡은 기분 좋은 느낌
을 주고, 무엇보다 비용이 들지 않으며, 언제든 시도
할 수 있고, 부작용도 없이 안전하다. 중요한 회의를
앞두고 있거나 교통 혼잡에 갇혀 시간에 쫓기거나, 껄
끄러운 대화에 임해야 할 때 대단히 요긴하게 사용할
수 있다. 통제된 상태를 차분한 마음으로 유지하는 것
은 언제나 지혜롭고 합리적인 행동이다.

복식호흡을 하려면 옆쪽의 세 단계를 따라한다.

Tip : 호흡 속도 조정에 도움을 주는 호흡 앱을 사용해도 좋다.

호흡을 사용하여 스트레스를 줄이려 할 때, 기억해
야 할 핵심 사항이 3가지 있다.

❶ 자신의 호흡 속도를 인식한 다음, 속도를 조금씩
   늦춘다.

❷ 가슴보다 배로 숨을 들이마신다.

❸ 들이쉬는 호흡보다 더 길게 내쉰다.

1

한 손은 가슴 위에, 다른 한 손은 배 위에 올려놓는다. 코로 숨을 들이마시면서 가슴보다 배로 호흡을 보내려고 의식적으로 노력한다. 도움이 필요하다면 숨을 들이마실 때 배불뚝이 흉내를 내듯이 일부러 배를 앞으로 내밀어본다. 숨을 내쉴 때는(내쉴 때도 될 수 있으면 코로 내쉰다) 배가 자연스럽게 꺼지게 한다. 이 호흡을 할 때 손을 보면 도움이 된다. 가슴 위에 올려놓은 손은 움직이지 않지만, 배 위에 올려놓은 손은 숨을 쉴 때마다 부드럽게 오르락내리락한다. 배가 마치 풍선처럼 부풀어 올랐다가 꺼진다고 상상한다.

2

타이머를 맞춰놓고 3분 동안 부드럽게 오르락내리락하는 배의 움직임에 모든 주의를 기울인다.

3

스트레스를 한층 더 완화하기 위해 호흡의 리듬을 바꾼다. 내쉬는 숨을 늘려서 들이쉬는 숨보다 더 길어지게 한다. 넷을 셀 때까지 배에 숨을 집어넣은 다음, 여섯이나 일곱을 셀 때까지 배로 숨을 내쉰다. 이 호흡을 10회 반복한다. 호흡의 길이는 자신에게 편안하도록 바꿔도 좋지만, 중요한 것은 내쉬는 숨을 더 길게 하는 것이다.

근육이 이완되면 스트레스도 풀어진다

긴장을 푸는 법

점진적 근육 이완법(Progressive Muscle Relaxation, PMR)은 스트레스 증상을 완화하고 불면증을 개선하는 것으로 알려졌다. 근육을 긴장시켜 스트레스와 불안에 따른 몸의 생리적 반응을 모방한 다음, 다시 근육을 이완시켜 몸의 스트레스 반응을 완화하고 휴식-회복 신경계가 우세해지도록 유도하는 방법이다.

점진적 근육 이완법 연습

이 요법을 완벽하게 외우기 전까지 누군가에게 모든 단계를 읽어달라고 부탁하거나, 휴대전화에 자기 목소리로 녹음한 후 재생하는 것도 좋은 방법이다.

1 따뜻하고 조용하며 조명이 부드러운 장소를 선택한다. 두 발을 바닥에 내려놓은 상태에서 편안히 의자에 기대어 앉거나, 동작을 마친 후 그대로 잠들고 싶다면 바닥에 눕는다.

2 아래의 각 단계를 제시된 순서대로 진행한다. 기본적으로 머리부터 발끝까지 몸의 각 근육을 긴장시켰다 이완하는 작업을 하는 것이다. 진행하는 동안 각 근육군의 긴장을 약 5초간 유지했다가 10~15초간 이완시킨다. 각 근육군 사이에는 잠깐씩 간격을 둔다. 들숨에 근육을 수축시켰다가 날숨에 이완하되, 근육을 무리하게 늘리는 것이 아니라 가벼운 긴장감을 준다는 점을 기억한다. 이완할 때마다 근육의 느낌이 어떻게 달라지는지 알아차리는 데 집중한다.

- 주먹을 쥔 상태로 팔을 길게 쭉 뻗는다. 그 긴장감을 유지하고 당기는 느낌을 알아차린 다음 이완한다. 곧바로 느긋하고 편안한 느낌이 손과 손가락까지 전해지는 것을 알아차린다.

- 이번에는 팔꿈치를 구부려서 이두근을 긴장시키되 손은 편안한 상태를 유지한다. 그 상태를 유지했다가 이완한다.

- 팔을 쭉 펴서 상박 뒤쪽의 삼두근을 긴장시킨다. 그 상태를 유지했다가 이완한다.

- 이번에는 눈썹을 치켜떠서 이마에 주름을 만든다. 그 상태를 유지했다가 이완한다. 이완할 때는 이마 근육이 매끄럽고 부드러워진다고 상상한다.

- 인상을 찌푸릴 때처럼 양미간을 좁힌다. 그 상태를 유지했다가 이완한다.

- 눈가를 주름지게 해서 눈 주변의 근육을 긴장시킨다. 그 상태를 유지했다가 이완한다.

- 이를 악물어 턱을 팽팽하게 만든다. 그 상태를 유지했다가 이완한다.

- 입술을 다문 채 입천장을 혀로 단단하고 납작하게 누르면서 목구멍의 긴장감을 알아차린다. 그 상태를 유지했다가 이완한다.

- 입술에 주름이 잡힐 정도로 입술을 꼭 다문다. 그 상태를 유지했다가 이완한다.

- 고개를 최대한 뒤로 젖히거나 뒤통수를 의자에 기댄다. 그 상태를 유지했다가 이완한다.

- 턱을 가슴 위로 누르면서 목 뒤와 어깨의 긴장과 뻐근함을 느낀다. 그 상태를 유지했다가 이완한다.

긴장과 이완 사이를 알아차리면
뜻밖의 편안함을 느낄 수 있다.

- 어깨를 으쓱 위로 올려 목과 어깨 근육을 긴장시킨다. 그 상태를 유지했다가 이완한다.
- 이제 깊이 숨을 한 번 들이마셨다가 내쉰다. 긴장과 이완 사이의 차이를 알아차리되, 각각의 근육을 풀어줄 때는 기분 좋게 편안해지는 느낌만 생각한다.
- 배로 깊숙이 숨을 한 번 들이쉰 다음 복부 근육을 조인다. 배꼽으로 척추를 만진다고 상상한다. 숨을 내쉬고 근육을 이완시킨다. 풀어줄 때 느껴지는 안도감을 알아차린다. 복부 전체에 퍼지는 이완의 물결을 느낀다.
- 등 근육으로 의식을 가져간다. 천천히 숨을 들이마시면서 등을 가볍게 활 모양으로 구부려 근육을 팽팽하게 만든다. 그 상태를 유지했다가 이완한다.
- 다리를 쭉 뻗어 엉덩이 근육을 서서히 조인다. 그 상태를 유지했다가 이완한다.
- 발과 발가락을 내리눌러 종아리 근육을 긴장시킨다. 그 상태를 유지했다가 이완한다.
- 발과 발가락을 들어 올려 정강이를 긴장시킨다. 그 상태를 유지했다가 이완한다.
- 눈을 감은 채로 차분하고 리듬감 있게 호흡을 계속하고 배가 부드럽게 오르락내리락하도록 한다.
- 약 1분 뒤 천천히 눈을 뜬다. 방금 낮잠을 자고 일어난 듯 평온하고 느긋한 기분이 들 것이다. 이 순간의 느낌을 충분히 즐긴 다음, 이 평온함으로 하루를 시작하거나 그대로 잠자리에 든다.

점진적 근육 이완법이 필요할 때

- **아침** – 집중력을 높여 활기차게 하루를 시작할 수 있도록 도와준다. 스트레스가 많은 하루를 앞두고 있다면 특히 도움이 된다. 만약 그동안 두려워하거나 미루어온 일이 있었다면 그 일에 착수하기에 적절한 마음 상태를 갖출 수 있다.
- **낮 동안** – 대인관계의 문제에서 오는 긴장이나 두통, 피로감, 심지어 소화 불량과 같은 신체 질환도 누그러뜨릴 수 있다.
- **집에 돌아가기 전** – 몸에 쌓인 그날의 스트레스를 덜어내어 스트레스 온도계의 수치를 떨어뜨리고, 가족이나 저녁 시간의 스트레스에 자극받을 위험을 낮춰준다.
- **잠들기 전** – 숙면을 위한 최적의 몸 상태를 만들 수 있다.

"인생의 목적은 좀 더 새롭고 풍부한 경험에
기꺼이 다가가는 것이다."

엘리너 루스벨트

요리가 주는 교훈

어느 날 절친한 친구에게서 전화가 왔다. "여보세요. 매트, 요즘 어떻게 지내?"

나는 애초에 수화기를 들지 말았어야 했다. 기분이 엉망이었고 무시무시한 마감의 부담감 때문에 어찌할 줄 모르는 상태였기 때문이다.

"나, 실은 엄청나게 스트레스 받은 상태야, 주디!" 나는 대답했다.

그러자 주디는 침착하게 말했다. "음, 말하는 대로 되는 거 알지?"

살짝 기분이 상한 나는 되물었다. "그게, 무슨 소리야?"

"네가 '엄청나게 스트레스 받는다'라고 말하면 정말로 스트레스를 받게 될 가능성이 크다는 얘기지. 그러니까 천천히 깊고 차분하게 숨을 들이쉬고 소리 내어 이렇게 말해 봐. '내 마음은 평온하고 나의 모든 일이 다 잘 될 것이다.'"

내 안에서 부글부글 '스트레스 찌개'가 끓고 있었지만 나는 기운 없는 목소리로 마지못해 중얼거렸다.

"제대로 하란 말이야!" 주디의 불호령에 나는 그렇게 할 수밖에 없었다.

그런데 심호흡과 그 말은 정말 스트레스 회로 차단기 같은 역할을 했다. 곧바로 나는 주디가 전적으로 옳았다는 걸 깨달았다. 깊은 호흡, 그리고 생생한 우정이 있어서 참 다행이라고 생각했다.

이 이야기에서 배울 점

말대로 된다는 사실을 잊지 말자!

스트레스는 부글부글 끓어오르는 요리와 같다.

스트레칭하기

스트레스는 두통, 뻣뻣한 목, 긴장된 어깨, 허리 통증 등 신체적 증상으로 나타날 수 있다. 바쁘게 하루를 보내고 나면, 누구라도 푹 쉬고 싶은 것이 당연하다. 하지만 분주한 마음은 그것조차 허락하지 않을 때가 많다. 다음 8분 동안의 스트레칭은 긴장을 푸는 데 도움을 줄 것이다. 잠자기 전이나 바쁜 하루를 앞두고 긴장된 몸과 마음을 이완시켜보자. 마음의 진정이 필요할 때 만족스런 효과를 발휘할 것이다.

(2분)

(2분)

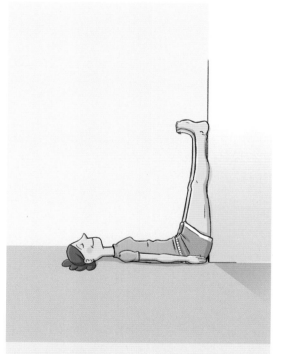

봉제 인형 자세

두 발을 골반 너비로 벌리고 서서 무릎을 약간 굽힌다. 상체를 숙이고 양 팔꿈치를 맞잡은 상태로 배가 허벅지에 닿게 한다. 목의 긴장을 풀어 머리를 늘어뜨린다. 8~10회 호흡할 동안 자세를 유지한 다음, 부드럽게 척추 뼈 하나하나를 굴리듯이 펴면서 일어난다.

다리 거꾸로 올리기

누워서 두 다리를 벽(또는 침대 머리판)에 올려 쭉 편다. 벽과 엉덩이 사이에 약간 공간이 생겨도 좋다. 만약 오금이 너무 당기면 엉덩이를 벽에서 조금 더 떨어뜨린다. 팔을 몸통 옆으로 내리고 손바닥을 위로 향한 채 8~10회 부드럽게 호흡하면서 다리 뒤쪽이 펴지는 것을 느낀다.

"몸의 속도를 늦추기 위해서는
꾸준함이 열쇠라는 점을 기억하라."

(2분)

(2분)

비틀기 자세

바닥에 앉아 오른쪽 다리는 곧게 펴고, 왼쪽 다리는 구부리거나 가능하다면 오른쪽 다리 위로 넘긴다. 왼손은 꼬리뼈 뒤쪽 침대나 바닥을 짚고 오른손이나 오른쪽 팔꿈치는 세운 왼쪽 무릎 위에 올려놓는다. 척추를 곧게 펴고 숨을 내쉬면서 상체를 왼쪽으로 부드럽게 비튼다. 시선은 자연스럽게 왼쪽 어깨 너머를 바라본다. 몸을 무리해서 늘리지 말고 부드럽게 동작한다. 4~5회 깊이 호흡한 후 중앙으로 돌아와 반대쪽도 똑같이 반복한다.

아기 자세

뒤꿈치가 엉덩이에, 발등이 바닥에 닿도록 무릎을 꿇고 편안하게 앉는다. 상체를 앞으로 구부려 이마가 침대나 앞쪽 바닥에 놓이게 한다. 머리 전체의 무게를 아래로 떨어뜨린다. 가슴은 불편하지 않은 선에서 최대한 무릎에 가깝게 낮추고 두 팔은 앞으로 쭉 뻗는다. 8~10회 부드럽게 호흡하면서 이 자세를 유지한다.

마음챙김 호흡

마음챙김 호흡은 내가 좋아하는 명상법 중 하나로 외출하기 전이나 강연 직전에 이 방법을 애용한다. 호흡은 언제, 어디서나 나와 함께하는 파트너다. 호흡을 인식의 대상으로 삼으면 마음이 든든하다. 어떤 순간이든 누구도 눈치 채지 못하게 마음챙김을 실천할 수 있기 때문이다.

마음챙김으로 호흡하는 방법

다른 마음챙김 활동과 마찬가지로 아래의 과정을 녹음한 후, 재생하여 차례대로 실행해보자.

1 편안하지만 집중을 유지한 상태로 척추를 곧게 펴고, 자리에 앉거나 등을 바닥에 대고 눕는다. 양손은 긴장을 푼 자세로 허벅지 위에 올리거나 몸통 옆에 내려놓는다. 타이머를 최소 5분 후로 맞춰둔다.

2 가능하다면 눈을 감거나 그게 불가능하다면 시선을 부드럽게 푼다.

3 몇 분 동안 자신이 숨을 쉬고 있다는 사실을 인식한다. 호흡이 몸 안으로 흘러들어오고 빠져나가는 움직임을 알아차린다. 아무것도 바꾸려 하지 말고, 들어오고 나가는 호흡을 느낀다.

4 세 가지 서로 다른 관점에서 각각 1분 정도씩 호흡에 주의를 집중한다. 첫째, 코로(혹은 필요하다면 입으로) 들어오고 나가는 호흡의 감각을 느낀다. 호흡에 따라 콧구멍이 조금씩 움직이고, 내쉬는 숨의 온도가 약간 올라가는 현상을 알아차린다. 둘째, 숨을 쉴 때 오르락내리락하는 가슴에 집중한다. 숨을 들이쉴 때 갈비뼈가 확장되어 옷에 닿고 내쉴 때 흉곽이 꺼지는 현상을 알아차린다. 셋째, 호흡을 들이쉬고 내쉴 때 배가 부풀었다 꺼지는 모습을 관찰한다. 숨이 들

어올 때 복부가 팽창하고 숨이 나갈 때 수축하는 현상을 알아차린다.

5 남은 시간 동안 앞서 말한 세 가지 접근법 중에서 가장 집중하기 쉽다고 느껴지는 방법을 하나 선택한다. 들이마시기 시작하는 순간부터 내뱉기가 끝나는 순간까지 각 호흡의 전체 범위를 완벽하게 따라간다. 각 호흡이 어떠한 노력 없이도 알아서 이루어진다는 사실을 알아차린다. 호흡을 조절하려하지 말고 각 호흡이 깊은지 얕은지, 빠른지 느린지만 알아차린다.

6 머지않아 정신이 과거의 생각이나 미래로 방랑하여 기억이나 두려움, 후회를 불러일으킬 수 있다. 자신이나 작업에 관한 판단, 또는 다음 할 일에 대한 기대로 이동할 수 있다. 주의가 흩어진 것을 인식하자마자, 의식하되 판단하지는 않으면서 주의를 다시 호흡으로 가져온다.

집중이 어렵게 느껴질 경우(오직 그런 경우에만) 들이쉬고 내쉴 때마다 마음속으로 '들이쉬고'와 '내쉬고'라고 말해도 좋다. 말보다 감각에 집중하는 것이 바람직하지만, 호흡법을 시작한 지 얼마 되지 않았거나 마음이 유난히 분주하다면 이 방법이 도움이 될 수 있다.

5분 동안 여러 차례 정신의 방랑이 일어날 수 있지만, 그것도 당연하다. 당신이 할 일은 매번 방랑하는 자기자신을 붙잡아 호흡으로 초점을 부드럽게 되가져오는 것이다. 이때 자신이 얼마나 잘하고 못하고 있는지는 판단하지 않는다. 무슨 일이 일어나든 당신은 마음챙김을 하는 중이다!

마음챙김 호흡이 필요할 때

매일 같은 시간에 적어도 5분씩 선호하는 방법으로 마음챙김 호흡을 실천해본다. 일주일 정도 지나면 어느새 이 시간이 기다려질 것이다. 너무 바빠서 짬을 낼 수 없다면 하루 중 특정한 스트레스 상황과 만날 때마다 호흡에 초점을 맞추는 방법도 괜찮다.

다음과 같이 마음챙김 호흡을 일상에서 습관적으로 실천해볼 수 있다.

- 아침에 눈을 뜨자마자
- 운동할 때
- 긴장된 일을 앞두고
- 어딘가를 걷거나 무언가를 기다릴 때
- 줄을 서서 대기할 때
- 잠자기 직전
- 수시로 불안하고 초조할 때

다정한 터치

몸이 긴장되고 마음이 굳어지면 정신은 성장보다 위기대처에 총력을 기울인다. 여기에 셀프터치가 구원 투수로 등장한다. 자기 몸을 만져서 자신에게 다정함을 보여주는 것은 스트레스를 줄이는 가장 확실한 방법이다. 신체 접촉은 보살핌의 마음을 표현하는 중요한 방식이다. 우리가 아기, 어린이, 노인들을 만질 때의 손길이 어떠한지를 떠올려보면 잘 이해할 수 있다.

자신에게 다정한 손길을 보내는 방법

1 조용하고 마음 편한 공간을 찾는다. 똑바로 앉되 긴장을 풀고, 몇 차례 천천히 복식호흡으로 마음을 가라앉힌다).

2 몸의 상태를 의식하기 시작한다. 신체적 감각, 생각, 감정을 알아차린다. 바꾸려고 애쓰지 말고 그냥 알아차린다. 마음대로 오고 가게 내버려둔다.

3 한쪽 손을 정해 그 손이 내가 사랑하는 누군가의 손이라고 상상한다. 나에게 자신감을 주고, 사랑받는 느낌이 들게 하며, 나를 아껴주고 이해해주는 사람이면 된다. 할머니처럼 먼 과거의 인물도 괜찮고, 지금의 삶 안에 있는 사람도 괜찮다. 그 사람과 함께 있을 때 느껴지는 감정을 그 손에 담는다.

4 감정과 신체적 감각이 가장 강렬하게 느껴지는 몸의 한 부분에 이 다정한 손을 천천히, 부드럽게 갖다 댄다. 혹은 먹먹해진 부분이 있다면 '다정한 손'을 그곳에 갖다 대어도 좋다. 만약 아무것도 느껴지지 않는다면 다정한 손을 가슴에 대어 마음을 달래고 진정시킨다.

5 다정한 손이 몸 위에 살며시 머물도록 놔둔다. 강제로 무슨 일이 일어나게 할 필요는 없다. 그냥 손으로 피부나 옷의 감촉을 느낀다. 따뜻한 기운이 손바닥에서 몸 안으로, 그리고 불편한 곳으로 흘러 들어가는 것을 알아차린다. 다정한 손이 치유의 손이라고 상상하면서 부드럽고 열린 마음으로 자기 자신을 친절하게 대한다.

6 다정한 손을 계속 부드럽게 몸에 댄 상태로 살며시 일어나는 변화의 움직임에 마음을 연다. 다정한 손을 애정과 상냥함이 필요한 몸의 다른 부분으로 천천히 옮겨와도 좋다. 보살핌과 따뜻함의 기운이 몸 전체에 퍼지는 것을 느낀다. 부드러운 느낌과 긴장이 풀리는 느낌, 그로 인해 만들어지는 널찍한 새 공간을 인식한다.

7 몇 분 뒤, 마지막으로 다정함을 표현한다. 복식호흡을 할 때처럼 한 손을 가슴 위에, 다른 한 손을 배 위에 댄다. 자기 자신을 다정한 마음으로 살피면서 그 자리에 손을 놓아둔다. 원하는 시간만큼 이 상태로 앉아 있는다. 5초도 좋고 5분도 괜찮다. 원한다면 자리에 누워도 좋다.

8 자신을 좀 더 다정하고 부드러운 태도로 대하고, 지금 그대로의 나와 지금 직면해 있는 상황을 흔쾌히 받아들이겠다고 결심하면서 현재로 돌아온다. 손길로 자애심을 전하는 행위에는 관심, 위안, 지지를 통해 나 자신을 지키겠다는 의도가 담겨 있다.

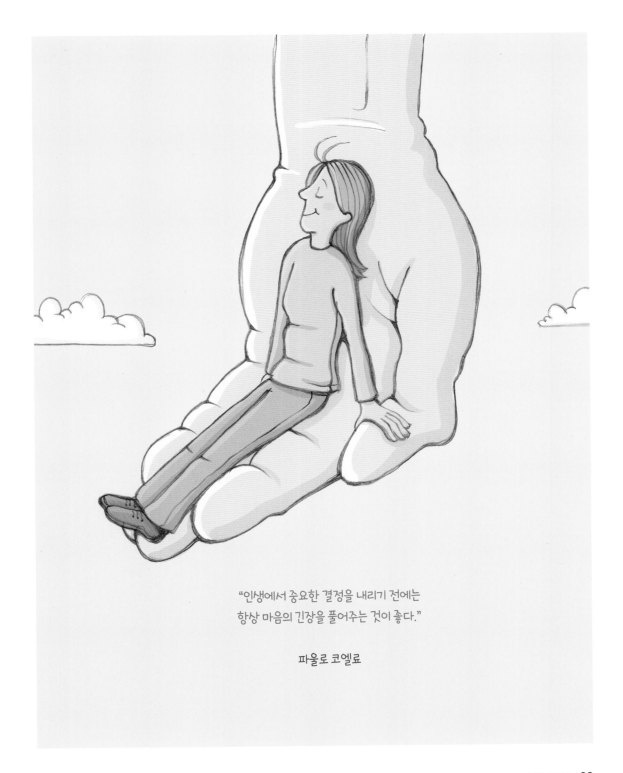

"인생에서 중요한 결정을 내리기 전에는
항상 마음의 긴장을 풀어주는 것이 좋다."

파울로 코엘료

스트레스를 즉각적으로 차단할 수 있는
자기만의 한마디가 필요하다.

스트레스 대응 선언문

마음속이 전쟁터일 때, 대응 선언문을 이용하면 그 순간 스트레스 반응을 효과적으로 관리할 수 있다. 스트레스 대응 선언문은 사용하기 간단하고, 기억하기도 쉽고 대단히 효과적이다. 아래의 두 단계만 알아두면 된다.

1단계 즉시 생각을 멈춘다

생각 오류가 일어나는 것을 알아차리자마자, 다음과 같이 단호하지만 부드러운 혼잣말로 생각에 제동을 건다. '멈춰! 이런 생각들은 나에게 좋지 않아. 건전하지도 유익하지도 않아. 나는 더 나은 방향으로 나아가기로 했고 다르게 생각하는 방법을 배웠어.'

2단계 대응 선언문을 몇 가지 고른다

아래 목록에서 도움이 될 만한 대응 선언문을 몇 가지 고른다. 차분함을 되찾을 때까지 문장을 반복하되, 반복할 때마다 호흡의 속도를 늦춘다. 대응 선언문을 카드에 적어서 갖고 다녀도 좋다.

스트레스가 가까이 있을 때

• 나는 괜찮을 것이다. 마음을 차분히 가라앉히고 긴장을 풀면 모든 것이 괜찮아질 것이다.

• 지금 나는 스트레스를 느낀다. 하지만 스트레스가 영원히 계속되지 않을 것이다. 지금 내 주위의 다른 일을 하는 데 집중하겠다.

• 나는 지금 약간 스트레스를 느낀다. 그러면 뭐 어떤가. 이번이 처음도 아닌데. 나는 천천히 호흡하면서 할 일을 계속하겠다.

• 늘 그렇듯이 이 또한 지나가리라.

다가올 스트레스에 대비할 때

• 나는 전에도 해낸 적이 있고, 얼마든지 다시 한 번 해낼 수 있다.

• 이 일이 끝나면 잘 해냈다는 사실에 기뻐할 것이다. 나중에 자부심도 들 것이다.

• 지금은 힘들어 보이지만 시간이 지날수록 쉬워질 것이다.

주체하기 힘든 기분이 들 때

• 나는 스트레스를 받더라도 해야 할 일에 집중할 수 있다. 당면한 과제에 초점을 맞추다보면 스트레스 수준도 낮아질 것이다.

• 내 기분과 싸울 필요가 없다. 그런 기분은 오래 머물지 않는다. 마음의 여유를 갖고 그 기분이 사라지는 것을 지켜보겠다.

• 상황이 감당하기 힘들어 보인다. 그래도 괜찮다. 지금 나는 스스로 잘 조절하고 있으니까. 나는 이 상황에서 관심을 돌리고 한 걸음씩 앞으로 나아갈 것이다. 주체하기 힘든 이 기분은 곧 지나갈 것이다. 늘 그렇듯이.

걱정을 멈추는 방법

걱정은 뇌의 에너지를 완전히 빼앗아가는 활동으로 걱정을 많이 할수록 머리가 무거워진다. 그런데 안타깝게도 우리는 스트레스를 받으면 온종일(그리고 밤새도록) 걱정을 하며 지내게 되고, 결국 기진맥진한 상태에 이르고 만다. 그런 인생이 즐거울 리 없다. 이럴 때는 '걱정 시간'을 따로 마련하는 방법이 도움이 될 수 있다.

1단계 걱정 시간을 정해둔다

우선 걱정할 시간, 장소, 기간을 구체적으로 선택한다(예 오후 5시, 내 사무실, 20분). 처음에는 일주일 동안 매일 달력에 그 시간을 표시해둔다. 단 취침 시간에 가깝게 걱정 시간을 잡아서는 곤란하다.

2단계 걱정 시간까지 미룬다

걱정거리를 인식하는 즉시 재빨리 기록해놓고 걱정 시간까지 미뤄둔다. 몇 개의 단어로만 노트에 걱정거리를 적는다. 나중에 생각할 시간이 있으니, 지금 걱정할 필요가 없다는 사실을 상기한다.

3단계 걱정 시간을 지킨다

예정된 걱정 시간 동안 걱정거리를 다시 살펴본다. 걱정 시간이 되면 미리 마련해둔 장소에 앉아서 낮 동안 적어둔 걱정거리를 돌아본다. 걱정이 꼭 필요하다고 느껴지면 목록에 적어둔 사항에 관해서만 걱정한다. 나열한 걱정거리 중 일부 또는 전부가 더는 신경 쓰이지 않거나 중요해 보이지 않는다면 그냥 흘려보내고 넘어간다. 걱정을 위한 걱정은 하지 않는다.

4단계 걱정을 꼼꼼히 따져본다

여전히 신경 쓰이는 걱정거리 하나하나에 대해 다음 질문을 해보고 답을 적는다.

- 무엇이 걱정되고 그 이유는 무엇인가?
- 이 걱정거리를 어떻게 해결할 수 있는가?
- 이 걱정거리와 관련해 누구에게 도와달라고 부탁할 수 있는가?

뭔가를 기록하면 뇌의 이성적인 부분을 활용하게 되고, 걱정거리를 해결할 가능성이 커진다. 또한 생각을 머릿속에서 내보낼 수 있어 무거운 느낌이 사라지고, 걱정이 영원히 계속되지 않는다는 진리를 확인할 수 있다.

5단계 이겨낼 거라는 확신을 갖는다

사람들은 이 활동으로 걱정거리 대부분을 미룰 수 있고, 생각을 보다 잘 통제할 수 있다는 사실을 확인하고 깜짝 놀라는 경우가 많다. 모든 것은 지나간다. 걱정거리도 지나가게 마련이다.

마지막 한 마디 : 걱정 시간 외에 당신이 또 걱정을 하더라도 그 사실에 너무 좌절하지 않도록 노력한다. 처음부터 잘 하거나 항상 완벽하기는 어렵겠지만 좋은 의도로 꾸준히 노력하면 분명 나아질 것이다. 시도해봐서 손해 볼 것은 없다. 걱정하느라 이마에 주름이 생기는 것보다 낫다.

걱정을 위한 걱정은 하지 않는다.

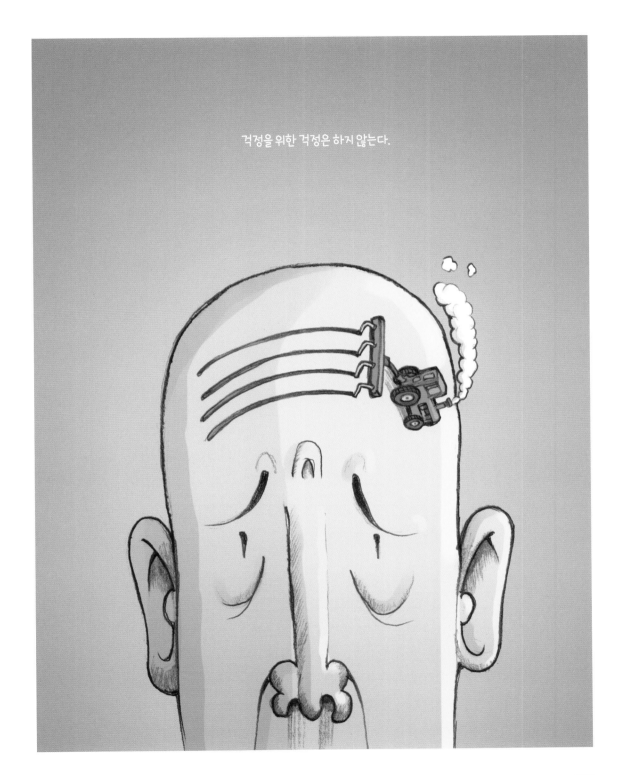

싸구려 액세서리의 교훈

이것은 내가 은근히 즐겨 사용하는 스트레스 완화 기법이다. 당신도 알고 있겠지만 스트레스는 당신의 감정, 정신, 신체를 좀먹는 엉큼한 장난꾸러기다. 슬그머니 다가와서는 당신이 미처 인식할 새도 없이 돌발 행동을 하게 만든다. 동료와 사랑하는 사람들에게 퉁명스럽게 말하고, 제대로 잠을 못 이루며, 건강에 나쁜 식사를 하고, 형편없는 의사결정을 내리게 만드는 원인이 바로 스트레스다.

그런데 내가 스트레스 온도계의 어느 위치에 있는지를 확인할 수 있다면, 이런 어려운 상황들을 벗어나 차분함을 되찾을 수 있다. 어떻게? 바로 '스트레스리스(Stressless) 고무줄'을 활용하는 것이다!

내가 흔해 빠진 고무줄을 좋아하는 이유는 고무줄이 회복탄력성에 대한 멋진 비유를 담고 있기 때문이다. 고무줄은 아무리 무리해서 늘려도 금세 원래의 형태로 되돌아간다. 이 멋진 유연성을 가진 고무줄은 값도 싸고 어디서든 구할 수 있다.

화가 치밀어 오를 때마다 손목의 고무줄을 살짝 튕겨라(너무 아프지 않게). 그러면 그것은 '멈춰!'라고 말하는 스트레스 완화 방법이 된다. 이어서 아래와 같이 '마음챙김 1분'의 시간을 갖는다.

❶ 하던 일을 멈춘다.

❷ 대여섯 차례 깊고 천천히 호흡하며 마음의 중심을 되찾는다.

❸ (판단하지 말고) 기분을 관찰한다.

❹ 자세를 확인한다.

❺ 일어서서 충분히 스트레칭을 한다.

❻ 뭔가 다른 일을 한다. 창밖을 내다보고, 바람을 쐰다. 차를 한 잔 끓이거나, 누군가와 담소를 나누면서 마음챙김 활동을 한다.

❼ 그런 다음 원래 하던 일을 조용히 재개한다.

세계 자살방지의 날(RUOK Day, '너 괜찮니Are you okay?'라는 따뜻한 말 한마디의 중요성을 강조하며 자살을 방지하고 행복을 증진하자는 목표로 처음 호주에서 지정됨)도 있고, 모벰버(Movember, 11월November과 콧수염Mustache의 합성어로 남성 건강 문제에 대한 인식을 높이고자 지정됨), 세계 정신건강의 날(World Mental Health Day)도 있으니, 스트레스리스 국제 고무줄 인식의 날(StressLess International Rubber Band Awareness), 혹은 앞글자만 줄여서 SIRBAD를 지정할 충분한 근거가 있지 않을까? 스트레스가 생기는 대로 인지하고, 받아들이고, 끊어낼수록 우리의 좋은 자아(그리고 주변 사람들)에 피해가 덜 갈 것이니 말이다.

이 이야기에서 배울 점
고무줄은 대단히 지혜롭다..

있는 그대로 받아들이기

우리는 종종 상황을 바꿔보려고 갖은 노력을 써보지만, 그것이 물거품으로 끝나는 것으로 자주 목격한다. 다음 내담자의 이야기는 현재 상황을 그대로 받아들이는 것이 어떤 변화를 가져올 수 있는지를 잘 보여준다.

제프의 이야기

제프는 (변호사들이 대개 그러하듯이) 항상 스트레스 상태였다. 몇 차례 상담을 받는 내내 그는 딸을 크게 걱정했다. 최근 학교가 방학을 하면서 특이한 무리의 친구들과 어울려 다니기 시작했다는 것이었다.

딸은 전형적인 십대의 행동 양상을 보였다. 외출이 잦았고 부모를 아랫사람처럼 대했으며, 집을 호텔처럼 드나들었다. 아빠에게는 자신이 어디에 가는지 절대 말하지 않았고 물어보면 오히려 신경질을 부렸다.

제프는 딸이 학교 공부를 등한시하고 성적이 떨어질까 노심초사했다. 그리고 '나쁜 아이들'과 어울리면서 평소 하지 않던 행동을 하도록 압박을 받을까 우려했다. 이런 근심걱정 때문에 낮 동안 업무에 집중하려고 애써봐도 생각이 딸에게 머물러 있었다. 이런 탓에 실수가 잦아지고 모든 일에 시간이 더 오래 걸렸다.

제프와 나는 생각과 기분을 그대로 '받아들이는' 연습을 해보기로 이야기를 나누었다. 처음에 그는 걱정되는 생각을 그대로 놓아둔 채 자기 감정을 그냥 관찰하는 것을 어려워했다. 온갖 부정적인 면을 곱씹어 생각하기 일쑤였고, 얼마 후에는 딸에 대한 생각을 아예 멈추자고 결심해보기도 했다.

생각을 관찰하면서 제프는 자신이 공포에 질려 있고, 호흡이 짧아졌으며, 머릿속이 꼬리에 꼬리를 무는 생각으로 빙빙 돈다는 사실을 알아차렸다. 그런데 받아들이기를 연습하면서 조금씩 자신의 감각, 생각, 기분의 '관찰자'가 되는 방법을 익힐 수 있었다. 그는 생각을 그대로 내버려둠으로써 생각과 충분한 거리를 확보했다. 그리고 그 생각에 불 지피기를 멈추고, 마음을 진정시키면서 조금씩 딸에게 다가갈 수 있는 합리적인 방법을 생각해낼 수 있었다.

수용은 포기가 아니다.

받아들이기를 시도한다고 해서 포기한다는 뜻은 아니다. 바로 이 점을 아는 것이 중요하다. 받아들이기는 무릎반사처럼 자동적으로 반응하지 않고 사려 깊게 대응하기 위한 첫 번째 단계이다. 특히 청소년을 대할 때 반사적인 반응은 전혀 효과가 없다. 이 사례에서 받아들이기는 딸이 제멋대로 행동하도록 내버려둔다는 의미가 아니라, 그가 부정적인 생각의 고리를 멈추고, 새로운 사고와 문제 해결을 위한 공간을 마련할 수 있다는 뜻이다.

자기연민 배우기

자기연민(Self-Compassion)은 스트레스의 감정적 충격을 다스리기 위해 중요한 도구이다. 내가 모든 내 담자에게 잘 익혀두라고 말하고 싶은 한 가지 기술이 있다면 바로 자기연민이다. 이유는 간단하다. 목표를 달성하지 못했거나 자신의 어떤 행동이 실망스러울 때 우리는 자신을 쉽게 비난하기 때문이다.

자기연민이 필요한 이유

부정적인 혼잣말을 하면서 자신을 함부로 대하거나 자신에게 긍정적인 일을 회피한다면 기분은 한층 더 저하될 수밖에 없다. 기분이 울적해지면 짜증을 부릴 가능성이 높고(스트레스를 받은 상태에서 가족이나 동료들과 말다툼을 했던 적이 있는가?) 기분을 달래려고 일시적인 수단을 선택하기도 쉽다. 이를테면 과식을 하거나 끝도 없이 텔레비전을 몰아보거나, 소셜 미디어 또는 게임으로 몇 시간씩 허비하거나, 고통과 실망감을 잊으려고 알코올을 찾을 수 있다. 이런 건강하지 않은 대처가 금세 습관으로 자리 잡을 수 있다. 자기연민이 있는 사람들은 실수를 저지르더라도 다정함과 이해심으로 자기 자신을 보듬는다. 자기연민은 필요한 경우 자신에 대한 높은 기준을 내려놓고 인간으로서 우리는 모두 실수한다는 사실을 받아들인다는 뜻이다. 우리는 때때로 자신 혹은 타인에게 실망할 수밖에 없다. 어쩌면 실망하지 않으면 인간이 아니다. 자기연민의 멋진 점은 우리가 배움을 통해 더 나은 인간으로 성장할 수 있다는 사실이다.

자기연민의 3단계

자기연민과 관련해 유일하게 힘든 점은 그것을 잊지 않고 실천하는 것뿐이다. 아래의 세 단계는 유명한 자기연민 연구자 크리스틴 네프 박사의 연구 내용을 바탕으로 정리한 것이다.

1단계 자기친절을 실천한다

어떤 순간에도 자신에게 친절하라. 실수를 저지르는 것은 인간다운 일임을 기억하라. 누구나 실수를 저지르고, 우리는 앞으로도 계속 실수할 것이다.

2단계 인간 공통의 속성을 기억한다

실수하거나 기회를 놓치거나 거부당한 기분이 들 때, 외롭다는 생각이 들고 나 혼자만 고통 받는다고 느껴지기 쉽다. 하지만 사실은 누구나 때때로 힘든 시기를 겪는다. 실수로 괴로워하고 상처, 분노, 실망감을 경험하는 것은 아주 인간다운 일이다.

3단계 마음챙김을 실천한다

힘들 때 마음챙김을 활용하는 것이 정말 중요하다. 그래야만 지금의 기분에 압도당하지 않고, 그 기분을 있는 그대로 인정할 수 있다. 지금 느껴지는 기분을 알아차리고, 조용히 이름을 붙여보는 것도 도움이 된다. 지금의 기분을 받아들여라. 억누르려고 애쓰지 마라. 아울러, 기분을 알아차리고 이름을 붙여보는 과정을 통해 그 기분에 사로잡히지 않고 객관적으로 바라보는 여유를 가질 수 있다. 자신의 기분을 무시하면서 자신에게 자비로워질 수는 없다.

자기연민을 실천하는 방법

노트를 꺼내어 다음과 같이 하나씩 적어본다.

❶ 실수를 저지른 때를 생각한다. 내가 최근에 저지른 실수는? ㉖ '배우자의 돈 걱정을 대수롭지 않게 치부하면서 대신 내 문제로 관심을 끌어들였다.'

❷ 당시 속으로 한 말이나 생각을 그대로 적는다. 실수 후에 속으로 한 말이나 생각은? ㉖ '너는 왜 항상 배려심 없고 밉살스럽게 구는 거니?'

❸ 자신에게 조금 더 연민을 가지고 이 정보를 다시 적는다. 좀 더 자기연민을 담아 이 실수를 다시 생각한다면? ㉖ '가끔은 누구나 실수를 하는 법이고, 사람이 언제나 따뜻하고 위로가 되어줄 수는 없어. 스트레스를 받은 상태라면 더욱 그렇지. 하지만 그렇다고 해서 네가 나쁜 배우자는 아니야.'

자기연민이 익숙해지려면 시간이 걸린다. 자기 자신을 친절하게 대하고, 있는 그대로 받아들이기까지 처음에는 조금 어색하게 느껴질 수 있다. 하지만 앞으로 몇 주 안에 스트레스가 나타난다면 자신에게 조금 더 부드럽게 말을 걸고, 다정한 터치(p. 98)와 같은 자기연민 기법을 활용해본다. 좋아하는 일을 할 시간을 계획해도 좋다(걱정만 하고 앉아 있지 말 것!). 꼭 무엇을 성취해야만 인생을 사는 게 아니라 인생 자체를 즐기기로 선택할 수도 있다는 점을 기억한다.

자신의 기분을 무시하면서
자신에게 자비로워질 수는 없다.

자기연민 Tip

- '~해야 한다' '반드시' '항상' '절대'와 같은 단어를 경계한다. 당신은 자기 자신에게 너무 가혹한 잣대를 들이대면서 너무 높은 기준에 맞추려 애쓰고 있는지도 모른다. 혹시 생각 오류를 저지르고 있지는 않는가?
- 당신이 가까운 친구나 가족에게 어떻게 말을 거는지 떠올려보고, 자기 자신에게도 그렇게 말을 걸어본다.

친절하기

타인을 위한 친절은 자신의 건강과 행복은 물론 스트레스까지도 개선해줄 수 있다. 친절을 베푸는 사이, 그 행동을 지켜보는 사람과 실천하는 사람 모두 행복감이 높아진다. 모두에게 이로운 선택인 것이다. 무엇보다도 이것은 누구나 언제든 할 수 있다.

작지만 진심이 담긴 친절은 상대에게 기쁨을 준다. 친절은 하루의 일상을 밝게 비추는 빛과 같다. 친절을 베풀면 마음이 편안하고 따뜻해진다. 친절을 베푸는 사람도 그것을 받는 사람도 모두에게 유익하다.
다음은 친절한 행동으로 얻을 수 있는 유익들이다.

- 삶에 대한 만족감, 유대감, 낙천성이 높아짐
- 활력 증진 및 면역체계 활성화
- 심박수와 혈압 떨어짐
- 코르티솔 수준의 균형 유지
- 불안과 우울 감소

이렇게 놀라운 장점이 많다보니, 사람들이 친절 베풀기를 늘 실천하며 살지 않을까 생각할 수 있다. 그런데 정말 그런가? 그렇지 않다면 무엇이 우리의 친절을 가로막고 있을까? 그것은 가벼운 사람으로 보이지 않을까 하는 두려움, 언제 어떤 친절을 베풀어야 하는가에 대한 불확실함이다. 해결 방법은 간단하다. 지금 당장 뭐라도 하면 된다.

지금 당장 친절을 실천하는 방법

경험상 다른 누군가를 위해 친절을 베풀면서 기분이 나빠지기란 정말 어려운 일이다. 친절 앞에서 고민할 필요는 없다는 것이다. 다음 중 한 가지를 시도해보자.

- 지인에게 칭찬 한마디를 건넨다.
- 아픈 사람에게 안부 전화를 하거나 병문안을 간다.
- 방문 판매인에게 시원한 음료를 제공한다.
- 동료에게 깜짝 커피를 선사한다.

- 자주 마주쳤던 이웃에게 먼저 인사한다.
- 동물 보호소에 낡은 수건이나 담요를 기부한다.
- 함께 수고한 동료에게 감사의 이메일을 보낸다.
- 생일을 맞는 가족에게 꽃을 선물한다.
- 물건을 무료로 나누어준다.
- 정기적으로 봉사단체에 기부금을 보낸다.
- 줄을 설 때 순서를 양보한다.

"사람은 받은 것으로 하루를 살고,
주는 것으로 인생을 산다."

윈스턴 처칠

뭔가를 기록으로 남기면 행동으로 옮길 가능성이 높아진다는 사실을 우리는 경험으로 안다. 이제 노트를 꺼내 아래와 같이 표를 만들고, 나만의 친절 베풀기를 기록해보자. 그리고 매일 또는 매주 내용을 추가한다.

어떤 친절이 효과적이었고, 그 행동이 당신의 기분과 행복감에 어떻게 작용했으며, 주변 사람들에게 어떤 영향을 끼쳤는지를 기록한다.

날짜	친절 행동은?	결과는 어땠는가?	어떤 기분이 들었는가?	무엇을 배웠는가?
6월 27일	동료에게 커피를 사주었다	동료는 고맙다고 말했으며 나에게 주말을 잘 보냈는지 물었다	정말 기분이 좋았고 동료와 더 가까워진 느낌이었다	사무실의 화합을 위해서라면 커피 한 잔은 큰 돈이 아니다

감사하기

사람은 자신이 항상 누리는 축복을 헤아려보고 고마워하는 마음을 가져야 한다는 말이 있다. 하지만 딱히 그러고 싶은 기분이 들지 않을 때도 있다. 바쁘거나 스트레스를 받을 때, 혹은 인생의 부정적인 면이 긍정적인 면을 압도할 때 그런 기분이 들곤 한다.

하지만 감사를 표현하는 행동은 정서적, 신체적 건강에 놀라운 영향을 끼친다는 사실을 연구 결과는 분명히 보여준다. 행복감과 사교성이 높아지고 더 낙천적인 태도를 보이며 만족할 줄 알게 된다는 것이다. 또한 활동량이 늘어나고 관계촉진자, 의사결정자로서 한층 더 효율적으로 역할을 해내게 된다(직업적 성공에도 도움이 될 수 있다). 그러고 보면 감사가 '최고의 미덕'이라고 일컫는 것은 그리 놀라운 일이 아니다. 때때로 도저히 그런 마음이 느껴지지 않아도 우리는 감사하기를 소홀히 해서는 안 된다.

감사를 실천하는 방법

1. 매일 감사 연습하기

잠시 시간을 내어 그날 하루 좋았던 일 3가지를 노트에 적는다. 꼭 거창한 사건일 필요는 없다. 맛있는 식사나 친구와의 대화, 난처한 상황을 무사히 넘긴 일처럼 간단한 것도 괜찮다. 이것을 습관화해서 매일 밤, 잠들기 전에 3가지씩 적은 다음, 평온하고 감사하는 마음으로 숙면한다.

2. 편지 쓰기

당신의 인생에 중대한 영향을 끼쳤거나 감사를 전하고 싶은 사람, 혹은 당신에게 중요한 사람을 한 명 떠올린다. 그 사람에게 감사하는 이유 혹은 그 사람이 어떻게 도움이 되었는지를 3가지로 서술하여 짤막하게 편지를 보낸다.

3. 고맙다고 말하기

눈을 감고 일상 속에서 고맙다고 말하고 싶은 누군가를 떠올린다. 매일 사람들이 하는 작은 행동들 중 그냥 보아 넘기기 쉬운 행동을 인정해주려고 노력한다. 이를테면 매사에 최선을 다하는 동료나 내 말을 늘 기꺼이 경청해주는 친구를 떠올릴 수 있다. 두세 명의 이름을 적고, 왜 그들에게 고마움을 표하고 싶은지 간단히 메모한다.

4. 감사 일기 쓰기

하루에 딱 5분 동안 감사 일기를 써도(노트를 활용하면 된다) 장기적인 행복감이 10퍼센트 높아질 수 있다고 한다. 수입이 2배로 늘어날 때와 똑같은 행복감이다. 당장 실천하기에 어느 쪽이 더 쉬운가?
전문가들이 소개하는 아래의 일기 쓰기 팁을 참고한다.

부담감을 느끼지 않기
다음과 같은 원칙을 지킨다면 일주일에 한두 번 쓰는 것에 부담감이 덜어질 것이다.

폭보다 깊이
한 가지에 대해 깊이 있게 쓰는 편이 피상적인 항목이나 사건을 늘어놓는 것보다 낫다.

사람을 중심으로
사물 대신 사람에 관해 쓴다.

생략해보기
만약 감사함을 느끼는 특정 요소들이 없었더라면 당신의 인생이 어떠했을까에 초점을 맞춘다.

열의 없이 시늉만 하지 않기
더 행복해지고 싶은 마음으로 일기를 쓰면 효과가 더 커진다.

용서하고 다시 출발하기

우리는 누구나 다른 사람의 말이나 행동에 상처를 받은 적이 있다. 그 과거의 상처에 매달리면 현재를 살아갈 수 없다. 그래서 용서가 중요하다. 용서는 과거로부터 우리를 자유롭게 해준다.

이처럼 용서는 해야 할 일이지만 그렇다고 상처를 준 누군가의 책임을 부인해야 한다는 것은 아니다. 우리는 상대의 행동을 눈감아주지 않고도 용서할 수 있다. 다음 두 가지 용서를 통해 우리는 건강한 삶으로 나아갈 수 있다.

❶ 결단적 용서

이것은 잘못한 사람에 대한 노여운 생각을 놓아버리는 일이다. 분노에 찬 생각을 피하고 복수를 하지 않겠다고 결심하는 것은 정말 유익한 첫걸음이지만 궁극적인 목표는 ❷번이 되어야 한다.

❷ 정서적 용서

분노, 적개심, 증오, 억울함, 짜증, 두려움 등의 해로운 감정을 사랑, 연민, 공감, 동정으로 대체하는 것이다. 특히 상처받은 직후에는 도저히 건널 수 없는 다리처럼 보이겠지만, 용서의 치유 효과는 기대 이상으로 엄청나다. 정서적 용서는 다음과 같은 효과가 있다.

· 분노, 불안, 우울, 스트레스 완화
· 더 건강한 관계
· 자존감 상승
· 혈압 감소, 심장 건강 개선, 면역력 증강
· 영적, 심리적 안녕감 향상

용서의 5단계

마음의 평화를 위해 에버렛 워딩턴 교수의 용서 5단계 REACH 접근법으로 마음의 짐을 내려놓는다.

1단계 상처 회상(Recall the hurt)

남을 탓하거나 자신을 피해자로 만들지 말고 객관적으로 회상한다.

2단계 공감(Empathize)

당신에게 잘못한 사람의 관점을 상상해본다.

3단계 이타적 생각(Altruistic thoughts)

용서받았을 때 어떤 기분이었는지를 기억한다.

4단계 용서 선언(Commit to forgiveness)

'지금이 적절한 때가 아니라면 언제겠어?'라고 말한다.

5단계 용서 지속(Hold on to forgiveness)

부당한 취급을 당했다는 생각이 계속해서 다시 떠오르게 내버려두지 않는다.

마지막 단계에 도달하기까지 몇 번을 시도해야 수 있으니, 비교적 용서가 수월한 기억부터 시작한다. 당신에게 잘못한 사람들에 대한 분노와 억울함의 무거운 바윗돌을 이제는 내려놓자. 그것을 짊어지고 다니는 것보다 용서가 훨씬 가벼운 짐이다.

용서 명상

용서의 상태를 계속 이어나가기 위해 중요한 부분은 고통스러운 생각을 놓아버리고, 새로운 생각을 연습하는 것이다(이때 신경가소성이 당신을 도와줄 수 있다). 명상 수련은 이를 실천하는 완벽한 방법이다. 수련 중 경험하는 따뜻함, 관용, 고요함이 용서의 마음을 한층 더 불러일으킨다.

1 평소처럼 편안하지만 집중한 상태로 척추를 세우고, 똑바로 앉거나 두 손을 편안하게 내린 채 바닥에 누워서 시작한다.

2 호흡에 집중한다. 마음의 번잡함이 가실 때까지 호흡의 속도를 늦춘다. 호흡할 때마다 따뜻함과 평화를 들이쉬고 분노와 원한을 내쉰다고 생각한다. 분노가 흩어지고 몸 안의 얽힌 매듭이 풀리며, 그 활짝 열린 따뜻함과 평화 속에서 긴장이 녹아내리는 것을 관찰한다.

3 실수로든 고의로든 과거에 당신에게 고통을 준 누군가를 떠올린다. 그 사람에게 지금 용서를 보낸다. 용서에 관한 생각을 마음속에 담기만 한

다. 처음부터 그렇게 하기 어렵다면 '나는 당신을 용서합니다'라고 마음속으로 부드럽게 말한다. 당신이 그 순간 할 수 있는 최선을 다해 그 사람을 용서한다. 원한의 감정이 무너져 내리도록 허용한다. 원한이 여전히 남아 있다면 그것 또한 그대로 받아들인다. 감정이 격해질 필요는 없다. 지금 그 상태에 머물러도 괜찮다. 인내심을 가지고 용서의 마음이 자라나게 한다. 스스로에게 용서를 허락한다. 그리고 원한에 매달린 자존심과 상처를 '나는 당신을 용서합니다'라고 되뇌면서 그냥 놓아준다.

4 당신을 괴롭힌 사람들에게 할 수 있는 한 최선의 자애심을 보낸다. 무엇이든 적절하게 여

겨지는 말을 천천히 속으로 되풀이한다. 가령 '당신에게 평화가 있기를, 당신이 행복하기를, 당신이 치유되기를, 당신이 자신의 밝은 본성에 눈뜨기를'이라고 말한다.

5 이번에는 당신이 고통과 괴로움을 주었을지 모르는 사람들에게 용서를 구한다. 죄책감이나 부끄러움 없이, 그러나 겸손한 태도로 구한다. 우리는 누구나 실수를 하고, 때로 우리의 행동이 남에게 끼치는 영향을 인식하지 못한다는 사실을 이해해야 한다. 숨을 들이쉬고 내쉬면서 후회와 자기비판을 내려놓는다. 치유를 가로막는 아프고 굳은 마음을 내려놓는다. 마음을 활짝 열고 스스로에게 용서를 허락한다. 새롭게 열린 마음으로 자신에게 자애심을 표현한다. 마음에 와 닿는 친절한 말을 반복하면서 가슴으로 느낀다. '나에게 평화가 있기를, 내가 행복하기를, 내 가슴이 언제나 열려 있기를, 내가 나의 본질에 눈뜨기를.'

6 자신의 호흡을 따라가고 연민이 담긴 말로 일깨워진 의식에 집중한다.

4 TIMELESS

시간에 쫓기지 않는 나

- 적게 일하면서도 만족하는 방법
- 적은 시간에 더 많이 일하는 방법

시간에서 승리하기

시간은 늘 부족하다. 당신은 늘 충분하지 않은 시간 안에 일을 끝내려고 고군분투한다. 시간을 더 마련한다는 것이 쉬운 일은 아니지만 그렇다고 불가능한 것도 아니다. 아래와 같은 방법으로 시간을 좀 더 확보할 수 있다.

시간을 효율적으로 쓰는 법

- 할 일을 줄인다. 가장 간단한 방법이다.
- 못 한다는 생각을 멈추는 순간, 원하는 일을 더 많이 할 수 있다는 사실을 깨닫는다.
- 파레토 법칙(80대 20의 법칙)을 명심한다. 결과의 80퍼센트가 노력의 20퍼센트에 의해 좌우된다는 뜻이다. 그러니 노력을 집중할 곳을 현명하게 선택한다.
- 자잘한 일은 자잘할 때 해결한다.

- 아침 일찍 가장 힘든 일을 해치우면 남은 하루가 수월하다.
- 동료들과의 관계를 개선한다.
- 물리적인 업무 환경을 개선한다.
- 고민이 되는 일은 자연 속에서 다시 생각해본다. 어려운 일은 몸과 마음이 달라지면 뜻밖의 답을 얻게 된다.
- 불확실성을 받아들인다.
- 작은 변화부터 일단 시작한다.

'바쁨'을 '생산성'으로 대체하라.

우선순위 설정과 시간 관리

당신이 나와 비슷한 부류라면 할 일 목록이 길어지기 시작하면서 슬슬 스트레스가 쌓일 것이다. 나는 목록을 보기만 해도 어디서부터 손대야 할지 몰라 부담감을 느낀다. 그러다가 급하게 몇 가지 작업을 해보지만, 그 과정에서 어설픈 일처리로 전부 다시 해야 하는 실수를 범하고 만다. 혹은 반대의 경우도 있다. 먹고, 수다 떨고, 소셜미디어를 읽고, 청소기의 먼지를 비우면서 해야 할 일을 계속 미루는 것이다. 두 가지 반응 모두 자연스러운 현상이지만, 어느 쪽이든 스트레스 온도계의 수치는 높아진다.

할 일 목록과 관련한 다음 요령들을 실천해보자.

- 단기간에 완료되어야 할 작업을 모두 나열한다. 2주 이후의 작업은 제외한다.

- 방해받지 않고 일할 시간과 장소를 고른다. 휴대전화는 치워둔다. 집중한 시간에 따라 보상을 해주는 앱을 내려받는 것도 좋다.

- 큰 작업을 작은 단계로 쪼갠다. 작은 단계를 중요도에 따라 순서대로 나열한다. 작은 단계 중 가장 중요한 일부터 시작한다. 지금 하는 작업을 완전히 마칠 때까지 다음 작업으로 넘어가지 않는다.

- 작업을 하나 끝낼 때마다 목록에서 해당 항목을 지워나간다.

- 굵직한 검은색 선으로 작업을 지울 때마다 동기부여 효과가 얼마나 큰지 놀라게 된다. 그 잠깐의 도파민 분출 기회를 놓치지 않는다.

- 주어진 시간(예 오전) 안에 달성할 수 있는 작업량을 이성적으로 판단한다.

- 매일 오후나 저녁에 10분간 시간을 내어 다음 날 할 일을 종이에 적고 중요도에 따라 나열한 다음, 어떻게 처리할 것인지 간단하게 메모한다. 이 작업에 노트를 활용해도 좋다.

- 자신에게 보상한다. 목록에서 항목을 지울 때마다, 작지만 의미 있는 보상으로 의욕이 충만한 상태를 유지한다.

기억할 점
- 그럴 기분이 아니어도 일단 시작한다.
- 꼭 완수해야 하는 일이라면 지금 시작하는 것이 좋다.
- 일단 시작하면 기분이 좋아질 것이다(어김없이 그렇다).
- 영감보다 노력이 중요하다.

전략적으로 일하기

일에서 중요한 것과 그렇지 않은 것을 구분한다. 중요하지 않은 작업은 우선순위에 따라 뒤로 돌리고, 중요한 작업을 중심으로 체계적으로 접근해본다. 일을 많이 하는 것보다 전략적으로 한다면 스트레스는 분명 줄어들 것이다.

우리는 최고의 방법만을 생각하느라 때때로 미로 속에 헤맬 때가 있다. 하지만 차선의 방법으로도 충분히 문제가 해결될 수 있다. 해야 할 일을 피한다고, 또 걱정만 한다고 스트레스는 줄어들지 않는다. 그렇다고 닥치는 대로 일을 많이 하는 것도 능사는 아니다. 이럴 때는 다음과 같은 체계적인 5가지 전략적 접근이 필요하다.

1단계
① 문제를 인식한다(Identify)
해결하고자 하는 문제가 정확하게 무엇인지 노트에 정의한다. 짤막한 문장 하나면 충분하다.

힌트 : 문제가 복잡한 경우 가장 기본적인 구성 요소로 나눠본다.

2단계
⑩ 취할 수 있는 행동방안을 목록 형태로 작성한다(Develop)
브레인스토밍을 통해 떠오르는 행동방안을 모두 나열한다. 창의력을 발휘하고 열린 마음을 갖는다(아직은 어떠한 방안도 탈락시키지 않는다).

힌트 : 남들과 이야기를 나눠본다. 어쩌면 당신이 숙고해보지 않았던 부분을 생각해낼 수 있다.

3단계
⑥ 가능한 행동을 하나하나 평가한다(Evaluate)
각 행동의 장단점은 무엇인가? 선호도 순으로 나열한다.

힌트 : 각 행동을 실행에 옮길 수 있는지 스스로 물어본다. 만약 편안하지 않다면 어떤 부분을 수정할 수 있는가?

4단계
Ⓐ 선택한 경로를 실천한다(Act)
(지금에서) 가장 최적의 방안을 선택하고 실행에 옮긴다.

힌트 : 무슨 일이 일어날지 예측할 수 없지만 언제든 행동을 검토해보고 변경할 수 있다는 점을 기억한다.

5단계
Ⓛ 결과를 살펴본다(Look)
뭔가를 바꾸거나 다른 행동 경로를 선택할 필요가 있는지 결정한다.

힌트 : 결과를 객관적으로 검토하되 과도하게 고민하지 않는다.

일을 많이 하는 것보다
우선순위에 따라 하는 것이 더 중요하다.

S.M.A.R.T. 목표 세우기

남들보다 뒤처질 때마다 항상 듣는 충고가 있다. 좀 더 체계적으로 일하라거나 더 많은 목표를 세우라는
것이다. 하지만 더 중요한 것이 있다. 당신이 할 일의 우선순위를 정했고 그것을 실행할 이상적인(IDEAL)
방법을 선택했다면, 이제는 똑똑한(SMART) 목표를 세워서 그 일을 완수해야 한다.

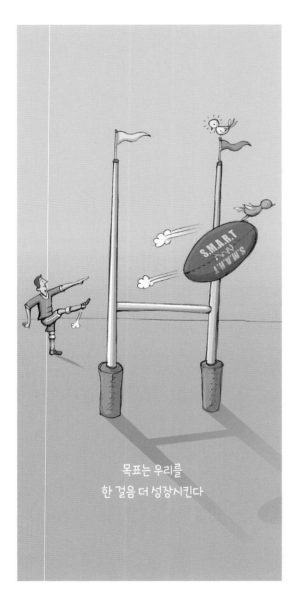

목표는 우리를
한 걸음 더 성장시킨다

SMART 목표의 5가지 속성

- 구체성(Specific) – 원하는 바를 얻을 수 있게
- 측정 가능성(Measurable) – 목표에 다가가고 있
  다는 걸 알 수 있게
- 달성 가능성(Achievable) – 목표 달성이 가능한 일
  이라는 걸 알 수 있게
- 연관성(Relevant) – 동기 부여를 받을 수 있게
- 적시성(Timely) – 일정에 따라 진행할 수 있게

SMART 목표 설정을 위한 Tip

- 반드시 달성 가능한 목표여야 한다. 작은 단계로
  시작하여 하나씩 쌓아 올린다.
- '항상'이나 '절대'처럼 실수의 여지를 허용하지 않
  는 단어 사용을 피한다.
- 원하지 않는 요소 위주의 목표는 기술하지 않는다.
  달성하고자 하는 부분에 초점을 맞춘다.
- 장애물을 이해하고 다른 대안을 명확히 정의해둔다.

옆의 표는 좋은 건강습관을 익히고, 스트레스 조절에
도움을 얻기 위해 만든 SMART 목표 계획의 한 예다.
이제 노트를 꺼내어 당신의 구체적인 목표를 염두에
두고 다음 질문에 답변해보자.

"목표는 우리를 안전지대 밖으로 밀어내지만,
우리에게 방향, 의미, 존재 이유를 제시해준다."

SMART 목표 : 규칙적으로 운동하기	
질문	답변
구체적인가? SPECIFIC – 무엇을, 어디서, 언제 달성하고자 하는지 명확하게 서술할 수 있는가?	그렇다. 나는 이틀에 한 번 30분씩 동네를 산책할 것이다.
측정 가능한가? MEASURABLE – 목표에 다가가고 있는지 측정할 수 있는가?	그렇다. 나는 운동을 계획한 날짜를 달력에 표시해두고, 이틀에 한 번 오후 6시에 휴대전화 알람을 설정해놓을 것이다.
달성 가능한가? ACHIEVABLE – 합리적인 목표인가?	그렇다. 이틀에 한 번은 가능하다(나의 업무량과 집안일 때문에 매일 운동하기는 현실적이지 못하다).
연관성이 있는가? RELEVANT – 노력할 의향이 있는 목표인가?	나는 산책을 좋아한다. 산책을 하면 머리가 맑아진다. 우리 개와 함께 시간을 보내는 것도 좋아하는데, 개도 운동이 필요하다. 산책은 우리 둘 모두에게 좋은 방법이다!
시간이 명시되어 있는가? TIMELY – 순조롭게 목표를 진행해나갈 수 있도록 목표 일자 및 중간 목표와 함께 구체적인 기간을 정할 수 있는가?	그렇다. 나는 4주 동안 이 목표에 전념할 것이다. 이것을 습관으로 만들고 일정한 성과를 보려면 그 정도의 시간이 필요할 것이다. 그 후에는 필요하다면 계획을 수정하여 더 원대한 건강 목표를 달성하겠다.
어떤 준비물이 필요한가?	편한 신발, 물병, 개, 음악 재생 장치.
나타날 수 있는 장애물은 무엇인가?	실외 활동은 비가 오면 실행 가능성이 떨어진다. 만약 비가 온다면 집에서 신체 활동을 하겠다(⑩ 운동 영상을 보면서 따라 하거나 좋아하는 음악에 맞추어 운동하기).

디지털 디톡스하기

대중교통을 타면 주변 승객들을 한번 관찰해보라. 대부분은 스마트폰을 뚫어지게 들여다보고 있을 가능성이 높다. 디지털기기는 우리 생활의 모든 부분에 깊숙이 침투해 있다. 디지털기기와 소셜미디어가 대중화된 지 불과 10년 정도밖에 되지 않았지만 좋은 쪽과 나쁜 쪽으로 모두 우리에게 막대한 영향을 미치고 있다.

디지털이 스트레스를 부른다

긍정적인 면은 모든 정보에 손쉽게 접근할 수 있다는 점이다. 별다른 장벽 없이 사람들에게 연락을 취할 수 있고, 업무 상황, 가족들의 안부, 세상 돌아가는 소식도 최신 정보로 확인할 수 있다. 물건 구매도 식은 죽 먹기다. 부정적인 면은 휴대전화와 소셜미디어 중독으로 치료받는 사람들이 점점 더 늘어나고 있다는 사실이다. 많은 사람들이 하루에 최대 150번 휴대전화를 확인하고, 하루에 2,500번 이상 물리적으로 휴대전화를 만지거나 누르는 동작을 한다.

우리는 도파민의 순환 고리에 쉽게 말려든다. 검색하면 할수록 계속해서 보상이 주어지는 구조 때문에 휴대전화의 유혹을 멈추기가 점점 더 어려워지는 것이다. 그러나 도파민 말고도 디지털기기의 알림을 받을 때마다 뇌에서 분비되는 소량의 코르티솔은 스트레스를 더욱 부추긴다. 심리학자 래리 로젠 교수는 끊임없이 확인하고, 공유하고, '좋아요'를 누르고, 댓글을 다는 행동이 우리를 불안하게 만든다고 지적한다. 정신이 과도한 자극으로 멍하고 지친 상태가 된다는 것이다. 빌 게이츠와 스티브 잡스는 이러한 건강상의 위험을 간파하고, 자녀들이 디지털기기에 노출되는 시간을 엄격히 제한했으며, 특히 스마트폰 사용은 청소년이 될 때까지 허락하지 않았다.

우리 같은 보통의 노모포비아(no mobile phone phobia, 휴대전화가 없는 상태를 두려워하는 사람들)는 어디서든 디지털기기와 함께하며 화장실과 침대도 예외가 아니다! 하버드 대학 연구진은 디지털기기에서 방출되는 청색광(Blue Light)이 멜라토닌을 억제하여 생물학적 리듬을 엉망으로 만든다는 사실을 입증해 보였다. 제2형 당뇨병과 심장병을 포함한 심각한 건강 문제를 일으킬 가능성 외에도 청색광은 잠들거나 숙면하는 능력에 지장을 초래한다.

스마트 기기, 앱, 소셜미디어가 꼭 유익하지만은 않다는 사실을 우리 모두가 알면서도 도무지 멈출 수 없는

> "나는 기술이 인간과 인간 사이의 상호 작용을
> 뛰어넘는 일이 몹시도 두렵다."
>
> 작가 미상

듯하다. 그 결과, 우리는 항상 쫓기는 기분을 느낄 뿐만 아니라 집중력을 유지하고, 정보를 습득하고, 몽상하고, 사람들과 대화를 나누고, 창밖을 바라보고, 아무것도 하지 않은 채 그냥 있고, 심지어는 심심함을 견디는 능력조차 잃어버렸다!

이렇듯 디지털 기술은 우리 삶의 주요한 일부로 자리 잡았다. 앞으로도 더 똑똑해지고 더 빨라지고 더 굉장해질 것이다. 이런 상황에서 디지털기기를 모두 반납하고 모스 부호를 배우자고 제안할 생각은 없다. 다만 숙면과 정신 및 신체의 건강을 위해 디지털기기에 노출되는 시간을 스스로 조절하고 줄이는 법을 배우는 것이 중요하다.

디지털기기의 스위치를 끄는 방법

끊을 수 없다면 줄이는 것이 대안이다. 다음의 간단한 방법들을 시도해보자.

- 사용량 조절에 도움을 주는 앱을 내려 받는다.
- 알람과 공지를 끈다. 각종 알림음은 우리를 독 안에 갇힌 쥐처럼 만든다.
- 디지털기기, 앱, 소셜미디어, 이메일 없이 지내는 시간을 따로 정해둔다.
- 가능한 경우 매일 정해진 시간에만 소셜미디어와 메시지를 확인한다.
- 소셜 미디어에 게시물을 올리기 전에 한 번 더 생각한다.
- 메시지를 보내는 대신 전화를 건다.
- 동료에게 이메일을 보내지 말고 얼굴을 보면서 대화한다.
- 휴대전화를 알람시계로 사용하지 않는다.
- 침실처럼 휴식 공간에는 디지털기기를 들여놓지 않는다.
- 산책하거나 식사할 때는 기기를 치워두거나 꺼놓는다.
- 주말이나 휴가는 디지털기기 없이 보낸다.
- 보드게임, 요리, 정원 가꾸기, 산책처럼 더 품위 있는 대안을 찾는다.

휴대전화의 교훈

비가 내리던 어느 일요일 오후, 아내 앤슬리는 친절하게도 나에게 차를 한 잔 내려주었다. 차를 가져오는 아내에게 나는 바로 옆 작업대에 올려놓은 내 휴대전화 좀 갖다 달라고 부탁했다. 아내는 나에게 차를 주고 이어서 휴대전화를 건넸는데, 순간 아내의 손에서 미끄러진 휴대전화가 곧장 찻잔 안으로 풍덩 빠지고 말았다.

뜨거운 차에 덴 자리를 수습하자마자 나는 가벼운 공황 상태에 빠졌다. 많은 이들이 그렇듯, 나는 업무와 대부분의 연락에 휴대전화를 활용한다. 휴대전화를 건져서 종이 수건으로 물기를 닦은 후 아직 작동하는지 확인해보려고 전원을 켰다. 다행히도 무사히 켜지는 듯했던 내 휴대전화는 금방 뻗어버리고 말았다. 나는 적잖이 당황스러웠다. 이제 어쩐다? 연락처가 거기에 다 들어 있었다. 중요한 전화 통화를 해야 했고, 소셜미디어에 게시물도 올려야 하는데….

다음날, 습관처럼 휴대전화로 손을 뻗다가 휴대전화가 사망했다는 사실이 기억났다. 그 순간 희한한 일이 벌어졌다. 새로운 여명이 밝아오는 느낌이 들었다. 고요한 자유의 느낌이 나를 감쌌다. '아무도 나에게 연락할 수 없고 나도 연락할 수 없어!' 실질적으로 전기 없이 지내는 것이나 마찬가지였다.

새 휴대전화가 도착하기 전까지 꼬박 일주일이 걸렸고, 그러는 사이 내 눈을 뒤덮었던 기술의 꺼풀이 한겹 걷혔다. 나를 포함해 2세에서 90세 사이의 사람들 대부분이 얼마나 심각한 기술의 노예로 살고 있는지를 깨달았다. 가장 충격적이었던 것은 내 정신 혹은 손이 얼마나 습관적으로 휴대전화를 찾아왔었단 말인가.

내가 디지털기기에 경멸을 보낸다면 그건 몹시 위선적인 행동일 것이다. 나는 분명히 디지털기기에 많이 의존하고 있었다.

그것은 놀라울 정도로 유용한 도구이며, 많은 경우 상당히 경이롭다. 하지만 그에 반해 우리는 점점 더 그 경이로움을 잃어버리고 있다. 집중력이 떨어졌고 그로 인해 스트레스 수준이 높아졌으며, 순간을 관찰하고 진정성 있는 인간관계를 맺을 기회를 놓치고 있으니 말이다.

이 이야기에서 배울 점
인생에는 '좋아요'를 얻는 것보다 더 중요한 일이 있다.

5

WEIGHTLESS

체중 고민 없는 나

- 신체적 자아를 잘 돌보는 방법
- 올바른 식사, 수면, 운동으로 최고의 컨디션을 유지하는 방법

스트레스를 받으면 가짜 식욕에 빠지기 쉽다.

스트레스와 과체중

당신은 간단한 원칙들을 충실히 실천하는 것만으로도 건강을 유지할 수 있다. 여기에 스트레스 경험을 줄이는 것도 포함된다. 역경, 유혹, 불편을 마주하더라도 얼마든지 건강한 몸 상태를 영위할 수 있다. 우리의 목표는 완벽한 몸매가 아니라 건강한 신체적 자아를 세상에 내보는 것이다.

세계보건기구(WHO)가 발표한 건강한 체중 관리 요령부터 살펴보자

❶ 섭취하는 칼로리를 가급적 줄인다.
❷ 건강에 해로운 지방과 당분이 높은 음식의 섭취를 제한한다.
❸ 과일, 채소, 콩류, 통곡물, 견과류를 더 많이 먹는다.
❹ 매주 적어도 150분 정도의 중강도 운동을 지속한다.

여기에 당신의 식단에 추가하면 좋을 음식이 몇 가지 더 있다. 아보카도와 같은 좋은 지방, 동물성 단백질, 치아씨와 아마씨 같은 다양한 종류의 씨앗들이다. 내가 좋아하는 격언 중에 '변화는 수용의 동생이다'라는 말이 있다. 현재의 상태를 먼저 받아들여야 의미 있는 변화를 일으킬 수 있다는 것이다. 수용이란 현재의 상태나 상황이 그대로 머물러 있기를 바란다는 뜻이 아니라, 지금을 있는 그대로 인식하고 받아들인다는 뜻이다. 조건 없이 현재의 상태를 받아들일 수 있을 때, 당신을 옭아매는 수치심, 부정적 감정, 폭식 등의 행동을 멈출 수 있다.

스트레스는 과체중의 요인이 될 수 있다

누구나 한 번쯤은 스트레스 상태에서 과식하거나 당분, 지방, 칼로리가 높은 위로 음식(comfort foods)에 탐닉한 적이 있을 것이다. 학자들은 스트레스와 체중 증가 사이에 연관성이 있다고 생각한다. 최근 영국에서 50세 이상의 대규모 피험자 그룹을 대상으로 진행된 추적연구에 따르면 코르티솔 수준이 높은 사람들은 체중, 허리둘레, 체질량지수(BMI)가 높은 경향이 있는 것으로 나타났다. 스트레스 호르몬에 많이 노출될수록 신체 치수와 조기 사망의 위험성도 높아진다는 뜻이다.

수면과 체중은 서로 영향을 미친다

연구에 의하면 하루에 5시간 미만 수면하는 사람은 비만일 가능성이 55퍼센트 더 높은 것으로 나타났다. 실제로 60만 명 이상의 참가자들을 대상으로 진행된 전 세계적인 대규모 연구에서 수면 시간이 1시간 줄어들 때마다 평균 신장 178 센티미터 사람의 체중이 1.4 킬로그램 더 늘어났다는 계산이 나왔다. 잠을 적게 자는 사람들의 경우 배고픔 및 열량 섭취 증가와 관련된 호르몬이 활성화될 수 있다. 단것을 더 자주 찾거나, 너무 피곤해서 어떠한 운동도 하지 못하는 상태로 빠질 수 있다는 의미다. 따라서 영양과 수면의 두 마리 토끼를 잡는 것은 몸도 마음도 가벼워지기 위한 핵심 열쇠이다.

서구 인구의 3분의 2 정도가 과체중 또는 비만이다. 세계보건기구(WHO)에 따르면 비만은 예방할 수 있다고 밝힌 바 있다.

직장에서 뱃살과 싸우기

우리는 깨어 있는 시간의 최소 60퍼센트를 직장에서 보낸다. 직장에서 음식도 자주 먹게 되고, 몸의 움직임도 많은 편이다. 따라서 직장은 식단을 개선하고 신체 활동을 늘리기에 최적의 장소이다. 다음을 직장에서 실천해보자.

- 도시락과 간식을 준비해서 사무실 안팎에 비치된 자판기의 유혹을 피한다.
- 진짜 음식을 먹는다. 가공식품은 당신을 온전히 채워주지 못한다. 영양가 없는 칼로리, 낯선 숫자들, 화학첨가물로 가득하다. 포장되지 않은 본연의 자연식품으로 냉장고를 채운다.
- 점심을 먹고 난 후, 산책도 할 겸 밖으로 나가 10분이라도 걷는다.
- 점심 도시락을 다 먹지 않고 남겨두고, 기운이 떨어지는 오후에 나머지를 먹는다.
- 오후 3시의 갈망을 잘 넘겨보도록 노력한다. 식탐은 10분만 참으면 금세 사라진다.

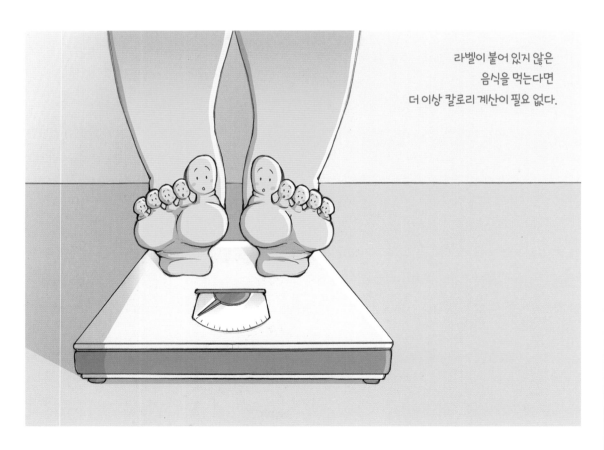

라벨이 붙어 있지 않은
음식을 먹는다면
더 이상 칼로리 계산이 필요 없다.

몸에 귀 기울이기

신체는 내면을 보여주는 거울과 같다. 몸과 마음은 하나의 연결된 끈이다. 따라서 마음이 건강하려면 몸의 건강에도 귀 기울여야 한다. 당신의 몸이 진정으로 원하는 것이 무엇인지 듣기 위해서는 먼저 당신의 몸에 대해 알아야 한다.

나의 신체치수 기록하기

'모든 것은 체중과 줄자에서 시작된다.' 체중 감량에 관한 연구에 따르면 이 말은 정말 사실이다! 다음의 신체 치수를 당신도 정기적으로 측정해보라. 이것은 체중 감량에 필수적이다. 아래 항목들을 노트에 기록하여 수치를 추적하고 스스로에게 동기부여를 한다.

체중 : 매주 체중을 잰다. 가급적 맨몸으로 재고, 주변에도 체중을 알리는 것을 권장한다.

허리둘레 : 남성은 94센티미터(37인치) 이상, 여성은 80센티미터(31인치) 이상이면 우려할 만한 수준이다. 복부지방, 즉 뱃살은 심장병 및 제2형 당뇨병과 연결되어 있기 때문이다. 한 달에 한 번 측정한다.

걸음 수 : 만보기 또는 피트니스 트래커앱을 매일 사용한다. 건강을 위해 일반적으로 추천하는 걸음 수는 하루 최소 10,000보(약 8킬로미터)이다.

들어오는 에너지(음식)와 나가는 에너지(신체 활동) : 식사일기장을 추천한다. 어느 정도 습관이 생길 때까지 적어도 몇 주 동안 식사일기를 매일 기록한다. 연구에 의하면 섭취량과 활동량을 스스로 관찰하는 것은 체중조절의 성공 여부를 판가름하는 가장 강력한 지표이다.

ENERGY IN vs. ENERGY OUT

Energy in > Energy out

들어오는 에너지가 나가는 에너지보다 많으면 체중이 늘어난다.

Energy in < Energy out

들어오는 에너지가 나가는 에너지보다 적으면 체중이 줄어든다.

간단한 예로 일주일에 0.5~1킬로그램을 빼고 싶다면 매일 500~1,000칼로리의 에너지 결손이 필요하다. 물론 성별(안타깝게도 여성들의 경우 더 어렵다), 기초대사율(생명을 유지하기 위해 기본적으로 필요한 에너지), 활동량 등 여러 요인에 따라 차이는 있다.

최적의 결과를 위해서 입으로 무엇을 집어넣고, 몸을 어떻게 움직이는지 둘 다 주의 깊게 살펴야 한다. 이 방법이 효과가 없다면 그 밖의 다양한 요인이 작용할 수 있으니 건강 전문가의 도움을 구한다. 아울러 몸이 당신에게 하는 말에 귀 기울이는 법을 배워라.

건강한 사람일수록 스트레스를 잘 관리할 수 있다. 기본은 간단하다. 규칙적으로 식사를 하되, 단순하고 신선한 완전식품을 골고루 섭취하고 포장식품을 줄인다. 물을 많이 마시고, 약간의 오메가3 오일로 식단을 보충한다. 사워크라우트(sauerkraut, 양배추를 발효해서 만든 일종의 피클), 김치, 콤부차(녹차나 홍차에 설탕, 효모를 넣어 발효시킨 음료) 같은 발효식품을 식단에 포함시키면 건강에 좋은 미생물을 키워 장속 건강을 개선할 수 있다.

들어오는 에너지

아래의 팁은 당신에게 들어오는 에너지를 개선해줄 것이다.

❶ 음식 라벨을 확인하라

나열된 모든 정보에 신경 쓸 필요는 없지만 다음 항목을 집중적으로 살펴보면 건강에 도움이 된다.

- **설탕** : 설탕이 첫 번째 성분이라면 그 음식은 에너지 밀도가 높은 것이므로 한 번 더 생각해보는 편이 낫다.
- **포화지방**(보통은 '지방' 항목 아래에 표시) : 하루 24그램을 초과하지 않도록 하고, 100그램당 2그램 미만인 식품을 선택한다.
- **나트륨**(소금) : 100그램 당 120밀리그램 이하를 목표로 한다.
- **총 내용량** : 대부분의 포장은 1회분 이상이 들어 있어서 조심하지 않으면 2~3인분을 먹게 될 수 있다.

❷ 1회 섭취량에 유의하라

많은 경우 레스토랑에 가면 돈을 낸 것 이상으로 많이 먹고 싶어 한다. 하지만 레스토랑의 음식은 당신에게 필요한 분량보다 더 많은 편이다. 여기서도 식사 전략이 필요하다. 전채 요리 또는 주요리를 여럿이 나누어

먹거나 음식을 절반만 먹고 나머지는 포장해가는 방법을 추천한다.

- **집밥** : 집에서 과식을 조심하려면 평소 먹는 양의 절반만 접시에 담는다. 천천히 먹고 접시를 비우고 나서 20분 기다렸다가 더 먹을지 그만 먹을지를 결정한다. 남은 음식은 더 먹고 싶은 유혹이 들지 않도록 손 닿지 않는 곳으로 치운다. 물 한 잔을 마시는 것으로 한층 더 포만감을 느낄 수 있다.
- **간식** : 잘못된 종류의 간식을 선택하거나 끼니때 과식을 하지 않으려면 식사 사이사이에 배고픔을 느끼지 않는 것이 중요하다. 에너지가 과다한 간식보다 영양소가 풍부한 간식을 선택한다(⑩ 과일 한 조각). 텔레비전을 보면서 먹지 않도록 한다. 먹는 속도가 빨라지고 배부르다는 사실을 뇌가 인지하지 못하기 때문이다. 포장에서 바로 과자를 꺼내어 먹지 않는다. 적은 양을 그릇에 담아 섭취량을 제한한다.

❸ 과음을 조심하라

알코올은 칼로리가 높고, 모두가 알다시피 음주는 온갖 나쁜 부작용으로 이어지기 쉽다. 무엇보다 알코올은 잘못된 음식 선택의 원인이 된다. 하루 최대 두 잔까지 마시고 매일 마시지 않도록 유의한다.

❹ 패스트푸드를 줄여라

패스트푸드는 먹기 전엔 그럴듯한 아이디어처럼 느껴지지만 먹고 나면 농축된 지방과 당분이 몸을 붓게 하고 무기력감을 주어 후회만 남기기 일쑤다. 패스트푸드 매장은 얼른 지나치거나, 그런 매장들이 위치한 거리를 아예 멀리하는 게 낫다. 아래의 팁을 추천한다.

- 패스트푸드가 먹고 싶어지면 물 한 잔을 마시고 10분쯤 기다린다. 곧 잠깐의 갈망이었음을 깨닫게 된다.
- 패스트푸드는 2주일에 한 번으로 제한한다. 이것을 일종의 도전처럼 여긴다. 도전은 당신에게 반드시 건강이란 보상으로 돌아온다는 것을 기억한다.

나가는 에너지

아래의 팁은 당신에게서 나가는 에너지를 개선해줄 것이다.

❶ 하루 걸음 수를 늘려라

하루에 10,000보 걷기가 어렵다면 자신에게 편안한 수준으로 시작해 차츰 늘려나간다. 한 걸음 한 걸음이 건강에 도움이 될 것이다. 보통 사람은 20보에 1칼로리를 소모하므로 10,000보를 걸으면 약 500칼로리를 태울 수 있다.

❷ 일상 속 운동을 늘려라

운동에 대한 생각의 전환이 필요하다. 몸을 더 움직이면 그게 운동이다. 반드시 조깅을 나가거나 운동 수업을 받을 필요는 없다. 몸을 움직일 수 있는 일상 속 기회를 더 많이 늘려라.

집에서

- 텔레비전을 보면서 집안일을 한다.
- 일어선 채로 아침 신문이나 태블릿을 읽는다.
- 아이나 반려견과 함께 산책한다.

직장에서

- 엘리베이터보다는 계단을 이용한다.

- 전화 통화를 하거나 휴대전화로 이메일을 확인하는 동안 실내를 돌아다닌다.
- 더 먼 곳에 주차하거나 대중교통을 이용할 때 목적지보다 먼저 내려서 걷는다.

❸ 체중 감량을 위한 SMART 목표를 세워라

체중을 더욱 확실히 감량하고 싶다면 SMART 목표 (p.124)를 세워 신체 활동을 늘린다. 어떤 생활방식을 선택하든 장기적으로 실천할 준비가 되어야 한다. 시작에 도움이 될 SMART 목표를 몇 가지 예로 들면 다음과 같다.

- 하루 10,000보 이상을 걷는다.
- 한 달 동안 매주 세 차례 30분씩 걷는다.
- 매주 만나서 함께 운동을 하는 커뮤니티에 가입한다. 연구에 따르면 경쟁적 속성이 있는 스포츠팀에 가입하는 사람들이 신체 활동 목표를 달성할 가능성이 더 큰 것으로 밝혀졌다.

❹ 하루 1만 보 이상을 걸어라

체중 감량은 대략 80퍼센트가 식단 조절, 20퍼센트가 운동에 달려 있다. 따라서 식단 관리를 우선적으로 철저히 해야 체중감량에 성공한다. 운동을 싫어한다면 전반적인 건강 개선을 위해 하루 최소 10,000보씩 움직이는 것을 목표로 한다. 이 방법이 자신에게 맞는다면 매일의 목표 걸음 수를 높이는 것도 고려해본다. 15,000보를 걸으면 약 750칼로리를 소모하게 되어 일주일이면 약 0.7킬로그램을 뺄 수 있다.

힘들 때는 함께하기

갓난아기가 태어나면 흔히들 하는 말이 있다. '아이 하나를 키우려면 마을 전체가 필요하다.' 이 말은 스트레스 관리에서도 그대로 적용된다. 한번 당신 자신의 경우를 떠올려보라. 당신은 스트레스를 혼자 겪는 일처럼 느낄 것이다. 하지만 반드시 혼자 힘으로 스트레스를 빠져나갈 필요는 없다.

스트레스 없는 삶으로 향하는 우리의 여정에 도움을 줄 수 있는 전문가들이 많다. 따라서 이들 전문가들이 우리에게 어떤 도움을 줄 수 있는지 알아두는 것도 중요하다.

일반의 : 의사는 병을 치료할 뿐만 아니라 예방할 수 있게 도움을 준다. 같은 의사나 같은 병원의 의사에게 진료를 받으면 당신의 건강 이력을 꾸준히 지켜볼 수 있다는 장점이 있다. 의사들은 당신의 혈압, 천식, 피부 반점, 체중, 스트레스 수준 등을 추적 관찰해줄 것이다. 필요한 경우 전문의에게 진료를 연결해줄 수 있다. 더 효과적인 관리, 진단, 치료 계획이 가능해진다는 것이다.

심리학자 : 심리학자는 인간 발달, 행동, 정서적 안녕을 연구한다. 내담자들이 자신을 움직이게 하는 것이 무엇인지를 이해하고, 세상 속에서 자신의 역할을 잘할 수 있는 방법을 찾도록 돕는다. 치료는 일반적으로 약물을 쓰지 않고 사고방식과 행동을 바꾸는 방법 중심으로 진행된다.

영양사 : 영양사는 개개인이 건강한 생활방식으로 살아갈 수 있도록 돕는다. 부족한 영양소를 살피고 식습관을 개선하는 것도 포함된다. 체중 감량, 영양이나 호르몬 불균형, 소화 불량, 음식 알레르기와 관련해서도 도움을 줄 수 있다.

라이프 코치 : 심리학자는 문제를 파악하고 거기에 대처할 수 있는 도구를 주는 반면, 라이프 코치는 반복적으로 나타나 목표 달성을 가로막는 장애물을 극복하는 데 도움을 준다. 당신이 강점을 발판으로 최고의 자아를 향해 나아갈 수 있도록 최선을 다한다.

운동 트레이너 : 당신 곁에 운동전문가가 있다면 동기부여를 해주고, 운동을 지속적으로 하고 체중을 감량할 가능성이 커진다. 그들은 운동에 활력, 다양성, 재미를 더해 당신이 건강 관련 목표에 도달할 수 있도록 돕는다.

친구들 : 친구들의 모임은 정원과 닮아 있다. 물과 햇빛, 당신의 애정이 필요하고, 가끔은 잡초도 뽑아주어야 한다. 친구는 수많은 어려움 속에서도 서로의 기쁨과 슬픔을 나누는 몇 안 되는 존재다. 좋은 친구는 당신을 알아주고 당신에게 무엇이 중요한지 이해하며 당신의 인생길을 곁에서 함께 걸어갈 것이다. 당신을 무시하거나, 힘들게 하는 사람들, 함께 있기만 해도 유독한 사람들에게서 살며시 빠져나와라. 그리고 진정한 친구 곁으로 돌아가라.

함께하는 것이 이득이다

"마음챙김 식사란 한 입, 한 입을
인식한 상태에서 먹는 것을 의미한다."

틱낫한(Thich Nhat Hanh)

마음챙김으로 식사하기

이 기적의 식사법은 당신이 더 적은 양의 음식에서 더 큰 즐거움을 얻도록 도와줄 것이다. 효과를 극대화하려면 어떠한 방해 요인도 없는 곳에서 수련을 시작한다. 조용한 공간을 찾고 먹는 경험에 완전히 집중할 준비를 한다. 이 책에 소개된 모든 마음챙김 활동과 마찬가지로 인식의 대상을 판단하지 않는 것이 우리의 목표다. 당신의 모든 감각이 음식과 어떻게 상호작용하는지 평가하지 말고 그냥 느끼고 관찰한다.

1 모든 감각을 집중할 수 있는 음식 한 조각을 선택한다. 그것이 마치 다른 세계에서 온 물건인양, 이제껏 한 번도 본 적이 없는 것처럼 그 음식을 지긋이 바라본다. 모양, 굴곡, 움푹 파인 자리, 주름진 곳, 갈라진 틈을 세심히 바라본다. 음식의 방향을 돌릴 때 빛에 따라 음식의 색깔이 어떻게 달라지는지도 바라본다.

2 음식에 코를 가까이 대고 신중하게 냄새를 맡는다. 모든 냄새를 받아들이되 판단하지 말고 그냥 맡는다. 모든 향과 색을 알아차리고 관심을 기울인다.

3 이번에는 음식을 만져본다. 그 색다른 질감이 어떻게 느껴지는지, 피부에 닿는 감각이 어떠한지 알아차린다. 거친가, 부드러운가? 기름진가, 건조한가? 단단한가, 부드러운가? 천천히 느끼면서 각각의 성질을 탐색한다.

4 입을 향해 천천히 음식을 가지고 온다. 아주 천천히 가져와야 한다! 이번에는 몸 안에서 일어나는 감각을 알아차린다. 입에 침이 고일 수 있고, 배에서는 꼬르륵거리는 소리가 날 수 있다. 음식을 입안에 집어넣어 맛보고 싶은 충동을 알아차린다. 그런 다음 음식을 입술에 대고 이런 감각이 더 강해지는지를 경험한다.

5 음식을 혀에 대되 베어 물지는 않는다. 씹고 싶은 충동을 알아차리되 저항하고 입안의 감각을 계속 인식한다. 맛이 느껴지거나 침이 더 고이는가? 입안에서 음식이 어떻게 느껴지는지 관심을 기울인다. 혀로 음식을 굴린다. 천천히 움직여보면서 음식의 색다른 질감, 부드러움, 온도를 알아차린다. 음식이 입안에 들어온 사이, 음식을 대하는 태도에 달라진 점이 있는가?

6 음식을 씹되 삼키지 않는다. 딴생각이 들기 시작하는 것을 알아차릴 수 있다. 음식을 그냥 삼키고 나서 또 한 입 베어 물고 싶은 마음이 들 수 있다. 판단하지 말고 음식의 맛과 질감으로 의식을 가져온다. 뜨거운가, 매콤한가, 쫄깃한가, 달콤한가, 신맛이 나는가, 매끄러운가, 싱거운가, 아니면 또 다른 맛이 있는가? 맛이 좋든 나쁘든 판단하지 말고 그저 의식한다.

7 음식을 삼킬 준비를 한다. 천천히 삼키고, 음식이 목구멍 뒤쪽을 통과해 위장으로 넘어가는 동안의 감각을 의식한다. 더는 느껴지지 않을 때까지 그 감각을 따라간다. 몸이나 마음에 생기는 감각을 알아차린다. 어쩌면 입안에 음식을 더 넣고 싶은 충동이 들 수 있다. 잠시 그대로 앉아서 의식한다.

신체 활동 늘리기

운동과의 관계를 재정립하는 것은 스트레스를 줄이는 가장 쉬운 방법이다. 당신도 이미 경험해봤을 것이다. 누구나 몸을 활발히 움직이면 전보다 더 건강하고 강해진 느낌이 든다. 이뿐만 아니다. 힘든 인생도 잘 헤쳐 나갈 것 같은 자신감도 생긴다. 그렇다면 운동을 하느냐 마느냐의 문제가 아니라 어떻게 운동을 할 것인가에 중점을 두어야 한다.

운동이 가져다주는 드라마틱한 변화

'왜' 운동을 해야 하는가에 대해서는 간단히 언급하고 운동을 '어떻게' 해야 하고, 계속 운동하는 방법에 관해 집중적으로 들어가보자. 연구 결과에 의하면 운동은 코르티솔 수준을 낮추고, 즉각적으로 기분을 개선해서 몸의 스트레스를 완화하는 효과가 분명히 있다. 실제로 운동은 기분의 문제를 개선하는 데 항우울제 못지않게 효과적이다. 또한 운동은 다음과 같은 역할을 한다.

• 스트레스, 우울, 불안을 완화한다.
• 숙면을 유도한다.
• 에너지 수준을 높인다.
• 체력과 안녕감을 개선한다.
• 사회적 관계를 높인다.
• 체중 감량 또는 관리에 도움을 준다.
• 관절과 근육의 유연성을 높인다.

어떤가. 이처럼 운동이 스트레스 관리에 도움을 준다는 사실을 알면 좀 더 규칙적으로 운동하고 싶은 의욕이 생길 수 있다.

운동을 얼마나 많이 해야 하는가?

운동이 좋은 이유는 이렇듯 명백하다. 그렇다면 얼마나 운동을 하면 좋을까? 세계보건기구(WHO)의 신체 활동 지침에 따르면 일주일에 적어도 150분 동안 운동을 해야 한다. 이것은 일주일에 5일 동안 매일 30분씩, 혹은 20분 남짓 운동하라는 의미다. 운동을 반드시 오래 해야 할 필요는 없다. 중요한 것은 규칙적으로 하는 것이다. 심지어 10분씩 여러 번에 나누어 해도 괜찮다. 미국과 호주의 연구에 따르면 70~80퍼센트의 사람들이 이 최소한의 지침도 지키지 못하고 있다.

운동을 꾸준히 계속하는 법

많은 이들이 운동을 못 하는 한 가지 이유는 활발히 몸을 움직이려는 노력을 스트레스가 저해하기 때문이다. 연구에 의하면 사람들은 운동을 피하고 형편없는 식사를 하는 식으로 스트레스에 대처하는 편을 훨씬 선호하는 것으로 나타난다. 이것은 안타까운 일이다. 하루에 최소 20분 정도의 신체 활동만으로도 정신 건강에 실질적인 도움이 될 수 있기 때문이다. 그 정도면 하루에 두어 번 준비 운동만 해도 채울 수 있는 수준이다. 그 정도는 누구나 할 수 있다.

좋아하는 활동으로 규칙적인 일상을 만들라는 제안을 앞서도 했는데, 시작에 도움이 될 만한 몇 가지를 소개하면 아래와 같다.

- 신체 활동을 조금이라도 하는 편이 아예 하지 않는 것보다 낫다는 점을 기억한다.
- 노트에 운동일지를 기록하거나 휴대전화 알람을 설정해놓으면 실제로 운동할 가능성이 커진다.
- 소박하게 시작한다. 현재 아무 운동도 하고 있지 않다면 10분간 동네 산책부터 시작한다.
- 잠들기 전에 운동복을 꺼내 놓는다. 다음 날 운동을 시작하기 한결 쉬워진다.
- 피곤할 때는 정해둔 시간의 절반만 운동하기로 계획한다. 하지만 일단 시작하면 전체 운동 시간을 다 채우는 일이 많을 것이다.
- 모든 사람은 보상으로 동기 부여를 받는다. 자신에게 매력적인 보상을 제시한다.
- 운동 파트너를 구한다. 꾸준하게 규칙적으로 운동을 하도록 서로 도울 수 있다.
- 그룹으로 진행되는 운동 수업에 참여하면 사교의 욕구도 채울 수 있다.
- 최대한 편의를 도모한다. 바쁘면 헬스장까지 갈 필요 없이 온라인 영상이나 앱을 활용한다.
- 일과 후에는 피곤해서 운동을 할 수 없다면 알람을 조금 일찍 맞춰 놓고 아침에 일어나 운동한다.
- 신체적, 정신적, 정서적으로 내가 얼마나 강해졌는지 스스로 상기한다.
- '난 할 수 있다'라는 내면의 목소리에 귀 기울인다.

계단을 오를 때마다 바로 활용할 수 있는 간단한 운동 주문을 만들어라.

나는 튼튼하다
나는 훌륭하다
나는 평온하다
나는 행복하다
나는 안녕하다
나는 날씬하다
나는 건강하다
나는 강인하다

일관성 있는 동반자

언젠가 학회에서 만난 한 정신과 의사는 항우울제를 처방하기 전에 반려견을 키워볼 것을 제안할 때가 많다며 제법 진지하게 말했다.

보살핌을 잘 받은 개는 절대적인 충성심을 보이고, 주인을 볼 때마다 어김없이 반가워하며, 훌륭한 동반자 역할을 할 뿐 아니라, 규칙적으로 운동하고 싶은 의욕이 샘솟게 한다. 개는 인간이 자기 틀을 깨고 나오게 할 만큼 교감 능력이 뛰어난 동물이다. 개는 생존을 위해 주인을 필요로 하며, 덕분에 주인은 측은지심으로 개를 보살필 수밖에 없다. 이런 서로에 대한 보답으로 깨질 수 없는 유대감이 형성된다.

나의 반려견 '쿠키'는 우리 식구들 중에서 (아주 점잖게 표현하자면) 가장 일관성이 있다. 쿠키의 애정, 충성심, 열의, 쾌활한 성격은 매일매일 변함없이 똑같다. 나는 오래전부터 걷기와 달리기를 즐겼지만, 쿠키를 데려오고 나서야 그것이 얼마나 외로운 활동이었는지를 깨닫게 되었다. 이제 나는 옆에서 총총걸음으로 걷는 이 열정 넘치는 친구와 항상 함께한다. 쿠키 덕분에 개를 데리고 나온 낯선 사람과 우연찮은 대화를 시작할 때도 있다. 나는 이것을 '아래로부터의 대화'라고 부른다. 처음의 화제는 당연히 '반려견'이다. "무슨 종인가요? 몇 살이죠? 이름이 뭐예요?" 그러다가 대화가 잘 풀리면 반려견 주인끼리 서로 친해진다. 단순한 공통점이 교류로 이어지는 것이다.

연구 결과에 의하면 양로원이나 직장에서 동물을 키울 경우 행복과 연대감이 높아지고 스트레스 수준은 낮아진다고 한다. 개나 고양이를 쓰다듬는 단순한 행동만으로 혈압이 떨어지고 면역력이 강화되며, 엔도르핀과 옥시토신 같은 좋은 호르몬이 분비되어, 결국 스트레스를 줄이는 것에 매우 효과적이다.

이 이야기에서 배울 점
소중한 존재가 있다는 것은 분명 행복이다!

서로를 지켜주는 친구가 있을 때,
더 건강하게 살 수 있다.

몸의 감각 알아차리기

바디 스캔(body scan)은 신체 감각을 마치 스캐너로 스캔하듯 있는 그대로 알아차리는 것이다. 아래의 간단한 바디 스캔 훈련을 통해서 당신은 몸 안의 모든 신체 감각에 집중하게 된다. 이 방법은 언제, 어디서 든 시도할 수 있을 뿐만 아니라, 새로 시작한 운동이 가져다주는 몸의 변화도 알아차릴 수 있게 도와준다.

우리는 몸 안의 모든 감각을 좋다, 즐겁다, 나쁘다, 불쾌하다, 아프다 등 이런저런 꼬리표를 붙여서 판단하는 데 익숙하다. 하지만 이번 바디 스캔 활동에서는 어떠한 판단도 없이 느껴지는 바를 그저 알아차리려고 노력하면 된다. 이를 통해 따끔거림, 두근거림, 열, 긴장 등 여러 가지 감각을 알아차릴 수 있다.

1 부드럽게 눈을 감고 차분하게 마음을 진정시킨다. 숨을 들이쉬고… 내쉬고… 자연스럽게 호흡을 계속한다. 어깨를 귀에서 멀리 떨어뜨린다. 몸이 어딘가에 완전히 지탱되어 있는지 알아차리고, 의자나 침대 혹은 바닥에 닿는 몸의 무게를 느낀다. 몇 차례 길고 느린 호흡으로 몸에 생기를 불어넣는다. 숨을 내쉴 때마다 몸이 더 깊이 이완되는 것을 느낀다. 몸의 어느 부위에 긴장이나 강렬한 감각이 느껴진다면 그곳으로 호흡을 보내려고 노력한다. 판단하거나 한쪽으로 치워버리지 말고 호흡을 이용해서 이러한 감각을 부드럽게 의식으로 가져간다.

2 몸에 주의를 기울인다. 바닥에 닿는 두 발을 느끼고 압력, 무게, 열과 같은 감각을 알아차린다. 이어서 의자나 침대 혹은 바닥에 닿는 두 다리를 의식한다. 종아리나 허벅지에 생기는 다른 감각들을 느낀다. 압력, 맥박, 당김과 같은 느낌을 알아차린다. 이

러한 감각으로 호기심 어린 의식을 가져가기만 한다.

3 복부에 주의를 기울인다. 압력, 따끔거림, 공복감 혹은 당김 등 배에 느껴지는 감각을 알아차린다. 긴장을 누그러뜨린다. 숨을 들이쉴 때 배가 부풀고 내쉴 때 꺼지는 것을 느낀다. 천천히, 자연스럽게 호흡을 유지한다. 계속해서 배의 감각을 알아차리다가 가슴으로 주의를 옮긴다. 새로운 호흡을 할 때마다 이완한다.

4 의자 등받이나 다른 지지물에 닿는 등허리의 감각을 알아차린다. 압력, 따뜻함, 가려움이나 거슬림을 알아차린다. 판단하거나 바꾸려고 애쓰지 말고 이러한 감각을 알아차리기만 한다. 이 기회를 빌려 매일 당신을 싣고 다니는 몸과 친밀해지도록 노력한다. 지금 당신의 몸에서 어떤 느낌이 드는가?

5 양손과 양팔로 주의를 옮긴다. 갖가지 다양한 감각을 단순히 의식한다. 정신을 모으고 피부에 닿는 옷이나 공기처럼 조금 더 포착하기 어려운 느낌까지 의식한다. 이런 미묘함에 집중한다.

6 양어깨로 초점을 옮기고, 그러면서 어깨의 긴장을 누그러뜨린다. 어깨에 닿는 옷의 감촉이 느껴질 것이다. 그냥 인식한 다음 놓아보내고 다른 감각으로 옮겨간다. 운동을 했거나 온종일 책상 앞에 앉아 있었다면 당기는 느낌이 들 수 있다.

7 목덜미와 목으로 주의를 옮긴다. 호흡을 할 때마다 긴장을 누그러뜨린다. 이어서 턱의 감각을 느낀다. 긴장된 곳이 있다면 알아차린다. 턱, 얼굴, 얼굴 근육의 긴장을 모두 누그러뜨린다.

8 뒤통수가 어딘가 평면에 기대어졌는지 알아차린다. 머리를 완전히 기댄 다음, 정수리로 주의를 가져간다. 두피에 개미가 기어 다니는 것처럼 따끔거리는 감각을 느낀다. 그것은 몸 안에서 뛰고 있는 맥박이다. 이를 관찰한 다음, 판단 없이 놓아준다.

9 잠시 온몸을 의식하고, 모든 신체 부위가 연결되어 있음을 알아차린다. 가려움, 따끔거림, 무거움, 따뜻함, 시원함, 공백감, 압력 등 새롭게 드는 감각이든 좀 전에 인지한 감각이든 다시 한 번 느낀다. 이러한 감각을 있는 그대로 받아들이고, 생겨나는 감각 하나하나가 점차 변화하다 서서히 사라진다는 것을 이해한다. 인생에서 이 진실을 받아들이는 법을 배울 수 있다면 모든 것에 대한 집착이나 회피에서 좀 더 자유로워질 수 있다.

10 원하는 만큼 계속해서 호흡과 전신의 감각에 집중한다. 준비되었다면 천천히 눈을 뜨고 주의를 다시 방으로 가져온다. 내 안에 생겨난 평온함과 더 커진 의식을 즐긴다.

몸 안의 작은 느낌
하나 하나를 알아차린다.

수면 습관 개선하기

수면 장애는 모든 스트레스 경험 중에서 종종 최악으로 표현된다. 실제로 나는 취침 시간을 끔찍이도 두려워하는 내담자들을 자주 만난다. 그들은 잠을 이루지 못한 채 침대에 누워 있으면 긴장과 걱정이 훨씬 더 커진다고 말한다.

스트레스를 덜 느끼는 가장 확실한 방법은 수면의 질을 개선하는 것이다. 잠을 잘 자면 행복감이 높아지고 자기통제감은 커진다. 말하자면 스트레스 상태의 정반대 상태가 되는 것이다. 숙면은 먹거나 마시는 일 못지않게 당신의 건강과 안녕에 결정적인 영향을 미친다. 학자들은 양질의 수면은 다음과 같은 특징이 있다고 말한다.

- 뇌의 원활한 기능을 돕고 학습, 기억, 감정 처리 능력을 강화한다.
- 몸과 뇌의 회복을 돕고 에너지를 보존한다.
- 심장 건강을 지켜준다.

- 면역 기능을 도와 질병에 걸릴 가능성을 낮춘다.
- 신진대사의 조절을 돕는다.
- 몸의 독소 제거를 돕는다.

얼마나 자야 할까?

모두에게 딱 맞는 마법의 수면 시간은 정해져 있지 않다. 하지만 나이가 들수록 잠이 줄어드는 것이 일반적이다. 쑥쑥 크는 갓난아기는 하루 최대 19시간을 잘 수 있지만, 노인은 6시간만 자도 아무 문제없다. 보통 성인은 다음 날 상쾌한 기분을 느끼려면 하룻밤에 7~9시간 정도의 수면이 필요하다.

하룻밤만 수면 부족을 겪어도 의사결정에 지장을 받

는다. 뿐만 아니라 집중력과 기억력이 떨어지고 반응 시간도 늦어진다. 잠을 못 자는 기간이 길어지면 다음과 같은 증상이 나타날 수 있다.

- 집중하고 생각하고 학습하기 어려워진다.
- 의욕 저하에 시달리고 업무 능률이 떨어진다.
- 울적한 기분에 잘 빠진다.
- 졸음 때문에 사고의 위험이 높아진다.
- 체중이 늘어난다.
- 지속적인 건강상의 문제가 나타난다.

수면에 관한 오해

연구 결과에 따르면 수면에 관한 잘못된 신념과 걱정이 나쁜 수면 습관의 원인이 되고 있다.

오해 : 전날 밤, 적절한 양의 잠을 자지 못했다면 다음 날 낮잠을 자거나 밤잠을 더 길게 자서 잠을 보충해야 한다.

진실 : 이것은 수면 문제를 더 악화시킬 수 있다. 대개는 굳이 잠을 보충하지 않아도 다음 날 밤에 잘 잘 수 있다.

오해 : 잠들기가 어려워도 침대에 계속 머물면서 잠을 이루려고 노력해야 한다.

진실 : 이것은 증상을 더 악화시킨다(뒤쪽의 수면 팁 참고).

오해 : 나는 수면 조절 능력을 완전히 잃어버렸다.

진실 : 당신은 수면을 통제할 수 있다. 몇 주 동안만이라도 좋은 수면 습관을 실천하면 수면의 질이 훨씬 개선되고 안정적인 수면 패턴을 되찾게 된다.

오해 : 낮 동안 피곤하거나 예민하고, 또는 우울하거나 불안한 것은 대부분 전날 밤에 제대로 잠을 이루지 못해서이다.

진실 : 그런 기분이 드는 데는 여러 이유가 있다. 수면 부족만을 탓하면 더 잘 자야 한다는 숙면에 대한 심리적 압박이 거세지고, 대개는 정반대의 결과를 얻게 된다.

오해 : 하룻밤만 잠을 잘 자지 못하면 한 주 전체의 수면 리듬이 흐트러진다.

진실 : 하루나 이틀 밤잠을 제대로 자지 못하는 것은 정상적인 일이다. 수면 체계는 자연스럽게 제자리로 돌아올 수 있다.

오해 : 밤만 되면 말똥말똥해지는 정신을 도무지 통제할 수 없다는 기분이 든다.

진실 : 취침 시간 직전에 걱정거리가 떠오르는 것은 일반적인 현상이다. 마음을 가라앉히고 생각을 떨쳐내려고 노력한다..

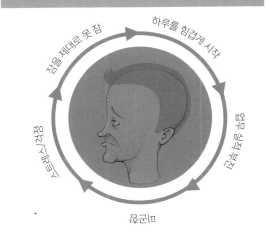

수면 부족/스트레스의 악순환

잠을 제대로 못잠 · 하루를 힘겹게 시작 · 업무 실적 부진 · 피곤해짐 · 스트레스/걱정

수면 계획 세우기

숙면은 모든 일의 영향을 미친다. 따라서 모든 일은 숙면으로 좌우된다! 아래의 팁을 활용해서 건강한 수면 습관을 길러보자.

침대에서

---

❶ 침대는 수면 용도로만 사용한다

침대는 잠과 섹스 이외의 용도로 사용하지 않는다. 그래야 몸이 침대를 수면과 연결시킬 수 있다.

❷ 나중에 다시 잠들기를 시도한다

침대에서 약 20분이 지난 후에도 잠을 이루지 못하겠다면 다른 공간에 가서 졸음이 올 때까지 기다린다. 마음이 차분해지는 일이나 단순한 일을 하다가 다시 잠들기를 시도한다. 너무 자극적이거나 흥미로운 활동은 잠이 더 달아날 수 있으므로 가급적 피한다.

❸ 시계 보기를 중단한다

밤에 시계를 자주 확인하면 잠이 달아나고 '아, 안 돼. 벌써 이렇게 시간이 늦었네. 이제 잠자기는 글렀어'와 같은 부정적인 생각이 강화될 수 있다.

❹ 수면 공간을 준비한다

침대와 침실이 조용하고 잠자기에 편안한지 확인한다. 선선한 온도의 방에 몸을 따뜻하게 해줄 담요가 넉넉하다면 바람직하다. 소음 차단을 위한 귀마개와 이른 아침의 햇빛을 차단할 커튼이나 안대를 사용한다. 편안하고 안락한 침대에 투자한다. 인생의 3분의 1을 거기서 보낸다는 것을 기억한다.

❺ 수면 일기를 쓴다

수면 일기를 쓰면 당신의 수면에 관해 억측 대신 사실관계를 확인할 수 있다. 낮 동안의 활동 및 수면의 질과 길이를 기록함으로써 도움이 되지 않는 습관이나 개선이 필요한 부분을 파악한다. 당장 어젯밤의 수면에 대한 세부 정보부터 기록하고, 이후 며칠 동안 수면 일기 쓰기 알람을 설정해둔다.

잠자리에 들기 전에

---

❶ 수면 의식을 만든다

수면 의식은 이제 잘 시간이 되었다는 사실을 몸에 상기시켜준다. 매일 밤, 잠자리에 들기 전에 8~10분 동안 긴장을 푸는 스트레칭(p.94) 또는 호흡 활동(p.86)을 하거나, 차분하게 앉아서 카페인이 없는 차 한 잔을 마신다.

❷ 수면 시간을 지킨다

실제로 피곤하거나 졸릴 때만 자려고 노력한다. 우리는 대체로 자연스럽게 피곤함을 느끼면서 자고 싶어지는 시간대가 있다(대개는 밤 9시~11시 30분 사이). 그때를 이용한다.

❸ 목욕 시간을 잡아둔다

취침 한두 시간 전에 따뜻하게 목욕을 하면 체온이 떨어지면서 자연스럽게 졸음을 느끼게 된다.

❹ 잠이 얼마나 필요한지 계산한다

자신이 정상적으로 활동하려면 몇 시간 잠을 자야 하는지 파악한다. 마법의 숫자를 알아낸 다음에는 아침에 일어나야 하는 시간에서 그 숫자만큼 빼서 잠자리에 들어야 하는 시간을 계산한다.

낮 동안

❶ 낮잠을 자지 않는다

피곤한 상태로 취침 시간을 맞이하려면 낮잠을 피하는 것이 가장 좋다. 낮잠을 자지 않고는 도저히 견딜 수 없다면 오후 3시 이전에 1시간 이하로 자도록 한다.

❷ 규칙적으로 생활한다

깊은 수면을 위해 몸을 훈련하는 가장 좋은 방법은 매일 비슷한 시간에 잠자리에 들고 일어나는 것이다. 주말과 휴일에도 마찬가지다.

❸ 카페인과 니코틴을 피한다

취침 전 4~6시간 동안에는 카페인(커피, 차, 콜라, 초콜릿, 일부 약물)이나 니코틴(담배) 같은 각성 물질은 피하는 것이 좋다.

❹ 알코올을 피한다

잠자리에 들기 전 4~6시간 동안 알코올을 피한다. 알코올이 긴장을 풀어준다고 믿는 사람이 많지만, 잠드는 것에 도움을 줄지는 몰라도 수면의 질을 방해해 몸이 더 피곤해진다.

❺ 운동한다

규칙적인 운동은 수면을 개선한다. 그러나 취침 직전 몇 시간 동안은 강도 높은 운동을 하지 않도록 한다.

❻ 적당히 먹는다

균형 잡힌 식단은 숙면에 도움이 되지만 타이밍이 중요하다. 취침 전의 푸짐한 식사는 수면을 방해할 수 있다. 어떤 사람들은 빈속으로 잠들기 힘들어 하는데, 이런 경우 가벼운 간식 정도로 제한한다.

❼ 일과를 똑같이 유지한다

밤잠을 제대로 못 자서 피곤하더라도 낮 동안의 활동을 예정대로 똑같이 유지하려고 노력하는 것이 중요하다.

❽ 자연광을 즐긴다

아침에 눈을 뜨면 햇볕을 충분히 쬔다. 빛 노출은 몸의 자연스러운 생체 시계가 시간을 설정하도록 도와준다.

❾ 전자기기 사용을 경계한다

취침 두 시간 전부터 전자기기 사용을 피한다. 화면의 청색광은 멜라토닌 생성에 지장을 주어 수면을 방해한다. 전자기기를 반드시 사용해야 한다면 황색광(Amber Light, 전자기기 화면에서 발생하는 청색광을 상쇄시키는 역할을 한다)으로 바꿔주는 앱을 사용한다.

❿ 걱정 시간을 마련한다

이런저런 걱정 때문에 깨어 있는 경우가 많다면 오전 중에 걱정 시간(p.102)을 따로 만들어놓고 걱정거리를 적을 노트를 침대 옆에 둔다.

4-7-8 호흡하기

그래도 여전히 잠을 이루기가 힘들다면 4-7-8 호흡법을 시도해본다. 인도에서 고대부터 전해 내려온 이 호흡법은 몸을 차분하고 느긋한 상태로 이완시켜 잠들 수 있도록 도와준다. 이 호흡법을 하는 동안 혀끝은 윗 앞니 바로 뒤의 잇몸에 댄 상태를 유지한다.

1   입으로 '후우' 소리를 내면서 완전히 숨을 내쉰다.

2   입을 다물고 넷을 세는 동안 코로 조용히 숨을 들이쉰다.

3   일곱을 세는 동안 숨을 참는다.

4   여덟을 세는 동안 다시 한 번 입으로 '후우' 소리를 내면서 완전히 숨을 내쉰다. 여기까지 한 번의 호흡으로 간주한다.

5   이제 다시 숨을 들이쉬고 호흡 주기를 세 번 더 반복하여, 총 4차례 호흡한다.

깊고 차분한 호흡은
휴식-회복 신경계를 활성화한다.

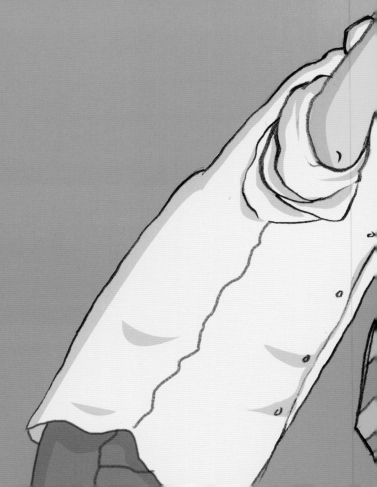

6 FIGHTLESS
싸우지 않는 나

- 서로에게 힘이 되는 관계를 유지하는 방법
- 전반적인 대인관계의 능력을 향상하는 방법

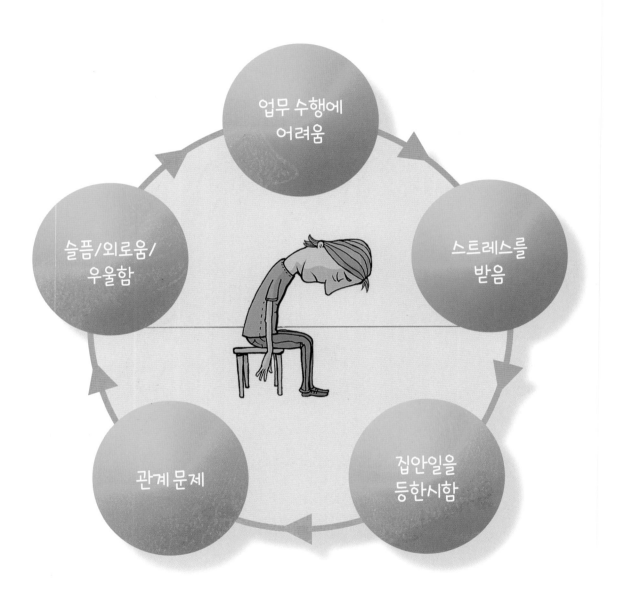

관계가 주는 스트레스

성공한 사람이든 그렇지 않은 사람이든 모두가 겪는 어려움은 바로 관계 스트레스다. 연구에 따르면 가족 문제는 스트레스의 가장 큰 원인이다. 어떤 사람들은 가족이나 가까운 친구들과의 문제는 피할 수 없는 일이어서 애써 바꾸려고 노력할 필요가 없다고 생각한다. 정말 그럴까? 관계 능력을 키운다면 어긋난 관계는 분명 바뀔 수 있다.

우리는 스트레스를 느낄 때 가장 가까운 사람들에게 불안과 짜증을 퍼부으면서도 그 사실을 잘 깨닫지 못한다. 스트레스를 받으면 우리와 세상 사이에 거리감이 생기고, 그로 인해 우리는 타인과의 갈등과 오해에 시달리기 쉽다. 예전에 나에게 상담을 받았던 한 부부와의 면담 기록을 살펴보자.

찰리 : 요즘 일이 너무 많아서 퇴근하고 집에 돌아오면 무척 피곤하고 스트레스를 받아요. 텔레비전을 좀 보면서 쉬고 맥주나 한두 잔 마셨으면 딱 좋겠다는 생각밖에 들지 않죠.

소피아 : 최근에 저는 남편한테 너무나 화가 나요. 도대체 어찌할 바를 모르겠어요! 매일 저녁 그는 늦게 퇴근을 하고 집에 오면 소파에 쓰러져서 저녁 내내 텔레비전만 봐요. 요리, 청소는 물론, 대화까지 모든 걸 저 혼자 해야 한다니까요. 저도 직장이 있는데 말이죠! 어느 날은 진저리가 나서 그에게 게으르고 이기적이라고 말해버렸어요. 그랬더니 저한테 되쏘아 붙이더라고요. 저희는 대판 싸웠고, 저는 지금 침묵시위 중이에요.

찰리 : 아내는 이거 해라, 저거 해라, 계속 잔소리를 해요. 하지만 시키는 일을 하면 전부 잘못했다고 뭐라고 하죠. 아내에게 저는 뭐 하나 제대로 못 하는 사람이에요! 제가 얼마나 힘들게 일하는지 안 보이나봐요. 요즘 일 때문에 스트레스가 많다는 걸 전혀 이해해주지 않아요.

관계가 주는 스트레스 주기

당신도 배우자 혹은 함께 사는 누군가와의 관계에서 비슷한 푸념을 들은 적이 있는가? 이 면담 이야기를 통해 상대의 행동에서 얼마나 쉽게 오해가 생기는지, 그리고 어떻게 갈등이 뒤따르는지 알 수 있다. 찰리의 문제에 대한 소피아의 반응은 결국 그에게 더 큰 스트레스를 안겨주었고, 그를 더 외롭게 만들었다. 그런가 하면 찰리의 행동은 소피아가 인정받지 못하며, 그래서 외롭다고 느끼게 했다. 이런 행동 패턴은 자기강화적 악순환 고리를 만들어 두 사람의 생활에 계속 영향을 끼친다. 찰리가 자신이 집에서 쓸모없는 존재이고('아내에게 저는 무엇 하나 제대로 못 하는 인간인 거예요'), 지지받지 못한다고('아내는 전혀 이해해주지 않아요') 느낀다면 업무에 집중하기 더 어려울 것이다. 이것은 업무 성과에 해로운 영향을 끼칠 수 있고, 더 큰 스트레스를 초래한다. 옆쪽의 그림과 비슷한 상황이 벌어지는 것이다.

비슷한 악순환은 소피아에게도 일어났다. 소피아는 찰리와 함께 있는 시간을 회피했다. 그 시간이 의미

있거나 서로에게 힘이 되지 않으며 재미도 없기 때문이다. 함께하는 시간은 긍정적 강화 효과를 발휘하지 못하고, 두 사람 모두 외로움을 느낄 뿐이었다. 결과적으로 부부의 관계는 더 악화됐다. 찰리의 속마음은 자신이 피곤하고 스트레스가 많은 상태라서 숨 돌릴 공간이 필요하고, 그렇게 하지 않으면 본의 아니게 우울하거나 심술궂은 말을 내뱉을까봐 걱정스럽다는 것이었다.

소피아를 적절히 상대해줄 에너지가 충분치 않다는 점도 염려되어 그는 일부러 거리를 두었다. 그것이 소피아를 더 외롭게 했다. 자신이 이해받지도 인정받지도 못한다고 느꼈던 것이다. 하지만 동시에 소피아는 찰리가 속마음을 말하지 않아서 남편에게, 혹은 둘 사이에 무슨 문제가 있을지 모른다는 걱정도 들었다. 그것은 두려운 일이었고, 그래서 소피아는 집안일을 도와달라고 부탁해서 그에게 가까이 다가가려고 노력했다. 하지만 이 방법은 매번 말다툼으로 끝나버렸다. 두 사람은 각자의 방식대로 관계를 유지하려고 노력했지만 별 효과가 없었고, 오히려 싸움만 하다가 소통을 중단해버렸다. 결국, 두 사람 모두 스트레스를 잔뜩 받고 서로를 오해하다가 외로운 상태가 되었다. 이렇듯 서로에게서 물러나는 행동은 관계가 파국으로 가는 출발점이다.

스트레스의 나쁜 대처

찰리는 맥주를 마시고(마비), 텔레비전을 보고(주의 분산), 대화와 해야 할 일에 주의를 기울이지 않는(고립과 회피) 방법으로 스트레스에 대처한다. 소피아는 비난하고(당위진술), 화를 내며(재앙화), 기분 나쁘게

받아들임으로써 이에 응수한다. 그리고 침묵시위(고립과 회피)를 사용해 소심하게 복수한다.

당신은 스트레스가 많은 시기에 어떻게 대처하는가? 이 부부와 비슷하게 대처한 적이 있는가? 얼마나 효과가 있었는가? 그때 상대는 어떻게 반응하는가?

스트레스 상태에서 대화하는 법

스트레스를 받아서 부정적인 상호작용이 계속 이어질 위험에 빠졌을 때는 다음과 같이 대처한다.

- 한 번 더 생각하고 나서 말한다.
- 지금 일어나는 일에 열린 마음으로 솔직해진다.
- 어느 한쪽이 이겨야 끝나는 싸움으로 만들지 않는다.
- 똑같은 주장만 되풀이하지 않는다. 상대의 말을 경청하지 않을 우려가 있다.
- 필요하다면 상대가 불만을 풀어놓도록 허락한다. 이때 진심으로 귀담아 들어주고 말을 끊지 않는다.
- 중간에 휴식 시간을 갖고 상대가 숨 돌릴 여유를 준다.
- 미안하다는 말의 힘을 믿는다. 당신이 잘못했다면 진심을 담아 사과한다.

누구나 이런 행동은 불쾌해한다.	
· 소리 지르기	· 얕잡아보기
· 훈계하기	· 귀담아듣지 않기
· 말 끼어들기	· 담쌓기
· 거짓말하기	· 비난하기

좋은 관계 vs 나쁜 관계

우리는 자신을 아껴주고 격려해주는 사람들 속에서 있을 때, 더 건강하고 더 사랑할 수 있는 능력이 생긴다. 상상해보라. 혼자서는 원을 그릴 수 없지만 여럿이 함께라면 가능하다. 그래서 가깝고 친밀한 관계일수록 노력이 더 필요하다.

소피아와 찰리의 싸움은 부부 관계에서 흔히 나타나는 갈등의 흐름을 잘 보여준다. 이런 부정적 상호작용의 패턴은 커플들에게서 자주 보게 된다. 안타깝게도 이런 패턴은 스트레스 온도계의 수치를 높이고 관계가 깨질 위험성을 안고 있다. 내담자들은 곧잘 이렇게 말한다. "그 사람이 이걸 조금 더 하고, 저걸 조금 덜 하게 되면 저희 관계는 모든 게 완벽해질 거예요." 하지만 현실은 절대 그렇게 단순하지 않다. 나는 내담자들이 스스로 통제할 수 있는 부분, 즉 자신의 행동에 관심을 돌리도록 재빨리 방향을 전환한다. 내 행동이 배우자의 행동을 만들어내고 있다는 것, 그리고 나에게 생각보다 많은 통제력이 있다는 사실을 인식하는 것이 중요하다.

한쪽 배우자가 원하는 것을 빼앗긴 상태이거나(찰리의 경우 집에 돌아온 후의 평온함, 소피아의 경우 대화, 도움, 인정) 불쾌한 자극에 노출된 상태일 때(잔소리, 고함, 회피), 두 사람 모두 너무 그 상황을 견디려고만 할 때가 많다. 그러다가 상대를 압박해서 자신이 원하는 것을 얻으려 한다. 어느 한쪽은 상대가 반응할 때까지 부정적인 힘을 사용하기도 한다. 예를 들어 소피아는 찰리가 마침내 쓰레기를 내다버릴 때까지 남편을 들볶을 것이고, 찰리는 아내에게 그만하라고 소리를 지를 것이다. 하지만 이 경우 소피아는 잔소리 수위를 높이면 원하는 바를 얻게 된다는 사실을 터득하고, 찰리는 잔소리를 멈추게 하려면 아내의 요구에 따르거나 화를 내야 한다는 사실을 터득한다는 데 문제가 있다.

안타깝게도 서로 자신의 욕구를 채우려고 기를 쓰다 보면 상호작용은 어느 한 사람이 상대의 압력에 굴복해야만 끝나는 싸움으로 변질된다. 그리고 한쪽은 싸움에서 승리할지언정, 상대의 마음속에는 원한이 싹트게 되고, 결국 양쪽 모두 패배할 긴 싸움이 시작된다.

좋은 관계와 나쁜 관계의 차이

부부 상담전문가 댄 와일 박사는 나쁜 상호작용의 관계 패턴 두 가지와 좋은 상호작용의 관계 패턴 한 가지를 소개했다.

❶ 공격 또는 방어

이 경우 당사자는 지금 자신이 겪고 있는 일을 일부 표현하지만, 그것이 상대에 대한 불평의 형태여서 상대를 비난하거나 탓하고 응징하게 된다는 점이 문제시된다. 이런 행동은 상대를 적으로 만들어버린다. 양측은 공격당한 것에 대한 반응으로 상대를 재공격하고, 결국 둘 다 상처를 받게 된다. 이렇듯 내 말을 들어주지 않는 상대의 말을 경청하지 않게 되고, 더 큰 오해가 쌓여서 서로를 이해하지 못하는 지경에 이른다.

상대에 대한 비난은 결국 상처로 남는다.

❷ 고립, 무시, 얕보기

이 경우 당사자는 지금 자신이 겪고 있는 일을 혼자서만 간직하고, 그 외에 다른 이야기만 하거나 상대를 아예 피하게 된다. 이런 행동은 배우자를 낯선 사람으로 만든다. 한쪽 배우자가 회피하고 경계하고 눈치를 보면, 상대도 똑같이 행동하도록 자극을 받기 때문에 이런 행동은 자기강화적이다. 당사자는 자신의 감정을 털어놓는 일이 조금도 편안하지 않고, 따라서 그 어떤 문제도 해소되지 않는다. 헤어진 커플이 '자연스럽게 사이가 멀어졌다'고 말할 때, 알고 보면 이런 전철을 밟은 경우가 많다.

❸ 비밀 털어놓기 또는 경청하기

이 경우 당사자는 배우자와 내적 경험을 공유하고, 상대가 말하는 내용을 받아들이려고 노력한다. 양쪽이 공감대를 형성하고자 노력하는 이런 행동은 배우자를 동지로 만들어준다. 당사자가 인정하고, 비밀을 털어놓고, 도움을 청하고, 상대의 관점을 배려할 경우 상대도 똑같이 그렇게 해도 안전하다고 느낀다. 이 세 번째가 좋은 상호작용의 관계 패턴이라는 점을 알기 바란다.

긍정적으로 소통하기

관계 스트레스의 주된 이유 중 하나는 소통하는(혹은 소통하지 않는) 방식 때문이다. 스트레스가 많은 시기에 어떤 사람들은 아예 입을 꾹 다무는 편을 선호하는가 하면, 자신을 표현하기 어려워하는 사람들도 있다. 그 결과, 서로를 오해하거나 의도치 않게 상처 주는 말을 하는 경우가 많다.

찰리에게 게으르다고 말했을 때, 소피아가 원래 하려던 말은 자신이 그를 걱정하고 있으며, 그가 자신과 가정을 등한시한다는 느낌을 준다는 것이었다. 하지만 소피아는 너무 화가 나서 이것을 어떻게 말해야 할지 생각하지 못했다. 그저 자신의 괴로움을 드러내고 싶을 뿐이었다. 이런 일은 매우 흔하다. 너무 흥분한 나머지 아무 생각 없이 입에서 나오는 대로 말해버릴 때가 많다. 잠시 멈추어서 다시 생각해보고 생각과 감정을 잘 전달하기란 너무 먼 이야기처럼 느껴지는 것이다.

긍정적으로 재구성하기

재구성(reframing) 기법은 하고자 하는 말을 좀 더 친근한 방식으로 전달하는 데 도움이 된다. 재구성 기법을 사용하면 문제가 무엇인지, 그에 대한 내 느낌은 어떠한지, 상대를 탓하거나 비난하는 게 아니라 긍정적이고 건설적인 용어를 사용해 명료하게 표현할 수 있다. 그러면 상대는 자기방어적인 태도로 나를 역공격할 방법을 찾는 대신, 내가 하는 말에 귀 기울이게 된다.

여기서는 재구성 기법의 몇 가지 사례를 확인할 수 있다. 말하는 내용은 똑같아도 다른 단어를 사용하면 듣는 사람에게서 다른 반응을 끌어낼 수 있다.

효과적인 재구성 기법은 파트너를 동지로 만들어줄 뿐 아니라, 상대와 대립 관계에 서는 대신, 서로 같은 편에서 문제를 해결하기 위한 첫걸음을 시작할 수 있다. 파트너가 당신의 말을 경청하고 이해하기 위해 다음의 요소를 갖추는 것이 중요하다.

공감(Empathetic) : 상대의 관점에서 상황을 이해하고자 노력하고 있음을 보여준다. 찰리는 소피아에게 이렇게 말할 수 있었다. "내가 최근 데면데면하게 굴었고 집안일도 뒷전이었다는 것 알고 있어. 당신에게 그게 얼마나 짜증스러운 일인지 이해해."

표현(Expressive) : 왜 그런 식으로 행동하는지 이유를 설명한다. 배우자가 당신의 관점을 이해하고 그래서 좀 더 공감하는 태도를 보이도록 도와준다. "요즘 일 때문에 정말 스트레스가 많거든. 부담스러운 업무에 적응하느라 조금 어려움이 있어."

자기주장(Assertive) : 이 상황에서 무엇이 도움이 되는지 알려준다. "집안일을 거들기 전, 저녁에 나만의 시간(예 텔레비전 시청)을 조금 갖는다면 긴장을 푸는 데 도움이 될 것 같아."

이 세 가지 요소 중 당신에게 서툰 부분은 무엇인지 생각해보라. 상대가 내 말을 들어주지 않는다는 느낌이 들거나, 필요한 부분을 서로 솔직히 말하는 일이 거북하게 느껴지거나, 내가 항상 희생만 한다는 느낌이 들 경우, 배우자에 대한 적개심이 쌓일 것이다. 그것은 결코 사랑, 존중, 온화함을 담기에 적절한 마음 상태가 아니다. 배려하는 자세도 좋지만 적절히 자기주장이 필요하다는 점을 기억한다.

"귀가 둘이고 입이 하나인 것은
많이 듣고 적게 말하라는 뜻이다."

제논(그리스 철학자)

부정적인 말을 긍정적으로 재구성하기	
별로 좋지 않은 결과를 원한다면	**좀 더 긍정적인 결과를 원한다면**
당신은 날 위해서 절대 시간을 내주지 않아!	요즘 당신을 거의 만나질 못했네. 당신과 보내는 시간이 그립다.
뒤치다꺼리는 항상 내 차지야!	당신의 도움이 필요해. 혼자서는 벅차다는 느낌이 들어.
당신은 관계에 공을 들이지 않아!	뭔가 신나는 일을 함께 계획하면 좋을 것 같아.
당신은 나를 너무 당연하게 여겨!	당신이 나와 내가 하는 일을 인정해주고 알아주었으면 좋겠어.
당신은 항상 나한테 잔소리지!	지금은 너무 피곤하고 스트레스가 많아서 생각할 수가 없어. 차분하게 머리를 식힐 시간을 주면 좋겠어.

대화로 해결하기

지금까지 배운 정도만 적용해도 관계를 개선할 수 있다고 장담한다. 하지만 부부 상담 전문가 존 고트먼 교수 등이 전하는 몇 가지 요령을 추가로 익힌다면 한층 더 친밀하고 견고한 관계를 만들 수 있다. 아래의 요령은 서로에 대한 이해를 다지고 관계의 지속가능성을 높여줄 것이다.

❶ 문제를 정의한다
잘 정의된 문제는 사람 또는 상황에 대한 긍정적인 진술, 바람직한 행동에 대한 설명, 그 행동이 이루어져야 할 시점과 행동에 따른 결과로 이루어진다.

❷ 부드럽게 시작한다
거칠게 시작되는 대화는 거칠게 끝날 것이다! 논의를 시작할 때의 기조나 어조는 끝까지 유지되기 때문이다. 따라서 부드러운 시작을 위해 상대에게 다가가기 전에 길고 느린 호흡을 몇 차례 실시한다.

❸ 불만을 털어놓되 탓하지 않는다
비평하거나 탓하지 말고 상황을 명확하게 서술한다. 정중한 태도와 감사하는 마음을 잊지 않는다.

❹ 한 가지 문제를 고수한다
한 번에 하나의 문제만 논의한다. 문제를 벗어나 옆길로 새거나 이른바 '설거지 전략(kitchen-sinking)'을 구사하지 않는다. 설거지 전략이란 한 가지에 관한 말싸움으로 시작해서 그동안 저지른 잘못을 모두 끄집어내는 행동을 말한다(싸움에서 밀린다고 생각하면 이런 식으로 행동하는 경향이 있다).

❺ 적극적으로 경청한다
더욱 잘 들으려고 노력한다. 상대의 말에 온전히 집중한 다음, 그 내용을 다른 식으로 바꾸어 말하면서 잘 이해했음을 주지시킨다.

❻ 감정 폭발을 조심한다
'감정 폭발(flooding)'은 정서적, 신체적으로 주체하지 못하는 상태를 말한다. 남성은 여성보다 더 자주 감정을 폭발시키는 경향이 있으며, 그럴 때면 상대의 말을 듣지 않거나 대화를 회피한다. 물론 이런 행동은 상대를 격분시킨다. 문제를 해결하고 싶다면 양쪽 모두 차분해질 때까지 잠시 휴식 시간을 가져야 한다(적어도 20분).

❼ 상대가 영향력을 발휘하게 한다
상대의 영향력을 인정해주면 거친 말과 행동이 누그러지고, 상호 호감과 존경심이 높아지는 효과가 있다. 또 문제가 발생하면 좀 더 쉽게 해결책을 찾을 수 있다.

❽ '10분 토론'을 실시한다
정해진 시간 동안 구체적인 문제에 대해 차분하게 대화하도록 계획을 세운다. 시간은 10분 미만으로 하되, 대화 중에는 밝은 분위기와 존중하는 태도를 잊지 않는다.

❾ 친밀한 시간을 꾸준히 갖는다
특히 부부나 연인 사이에는 친밀하게 보내는 시간을 일부러 마련할 필요가 있다. 이런 시간은 서로에게 더 연결되어 있다는 느낌을 주고, 매일 겪는 관계의 상처가 잘 아물도록 도와준다.

❿ 최선의 선택을 찾는다
옳고 그름을 따지는 일보다 다정한 태도를 보여주는 것이 더 중요하다.

힘든 관계도 받아들이기

아무리 노력을 해도 해결되지 않는 관계의 문제들이 있다. 이것은 말 그대로 '해결할 수 없는' 문제들이다.
그렇다면 양쪽이 그 부분을 깨끗이 인정하고 해결할 수 있는 문제에 집중하면 어떨까.

나는 끊임없이 싸우는 젊은 커플을 본 적이 있다. 두 사람은 시시콜콜한 일로 말다툼을 벌였다. 언제는 한쪽이 원래 오기로 했던 시간보다 3분 늦게 귀가했다는 이유로 '3차 세계대전'이 벌어졌다. 마음이 상한 쪽은 그런 행동이 바로 상대가 자신에게 신경 쓰지 않는다는 증거라며 불만을 토로했다. 나는 상담을 통해 속사정을 좀 더 깊이 들여다보았다. '시간 엄수'를 주장했던 쪽은 사실 시골로 내려가서 가정을 꾸리고 싶었지만 상대가 언제나 일을 더 우선시해서 그 계획이 방해받고 있다고 생각했다. 우리는 마음을 열고 솔직하게 논의한 끝에 이 커플이 시골로 이사 갈 경제적 여력이 없다는 현실에 의견의 일치를 보았다. 당시에는 '해결할 수 없는' 이 문제를 인식하여 공유하는 것만으로

도 두 사람의 관계를 지킬 수 있었다.

나는 내담자들에게 항상 '모든 문제에는 더 친밀한 관계로 나아갈 수 있는 잠재성'이 있다고 조언한다. 함께 노력한다면 '해결할 수 없는 문제'를 통해 진짜 문제를 객관적인 시각으로 바라볼 수 있다.

괴로운 생각과 마음챙김

바꾸고 싶지만 그럴 수 없고, 어쩌면 그것이 불가능할 것 같은 상황과 기분은 항상 찾아온다. 이때 다음의 선택은 당신의 몫이다.

첫째, 현실을 있는 그대로 받아들이기를 거부하며 맞서 싸워볼 수 있다. 이 경우, 당신은 기진맥진해질 것을 각오해야 한다. 둘째, 모든 상황을 있는 그대로 받아들일 수 있다. 받아들인다고 해서 당신이 그 상황을 개의치 않는다거나, 그 상황이 정당하거나 옳다는 뜻은 아니다. 상황이 그렇다는 것을 그냥 인정하는 것뿐이다. 노력과 실패를 반복하다가 어쩔 수 없어 포기하는 것과 처음부터 마음챙김을 선택하여 받아들이는 것, 어느 쪽이 마음이 편할까? 답은 이미 나왔다.

'괴로움 = 고통 × 저항'

신젠 영(미국의 명상 지도자)

마음의 평온을 위한 기도

바꿀 수 없는 것을 받아들이는 평온함과

바꿔야 할 것을 바꾸는 용기,

그리고 이 둘을 분별하는 지혜를 허락하소서.

하루하루를 한껏 살아가게 하시고,

순간순간을 한껏 즐기도록 하시고,

고통이 평화에 이르는 길임을 받아들이게 하소서.

라인홀트 니부어 (신학자, 1892~1971)

자기주장 연습하기

우리를 힘들게 하는 것은 친밀한 관계만이 아니다. 내담자 중 상당수는 외부 집단 내에서 발생한 갈등 문제로 찾아온다. 놀랍게도 당신의 스트레스 온도를 쥐락펴락하는 것은 바로 타인에게 있다는 점이다. 스트레스의 통제권을 타인에게 맡긴다는 것은 매우 이상하지만, 대다수 사람들은 자신이 원하는 바를 당당하게 말할 수 있는 마음의 준비가 되어 있지 않다.

잠시 자기주장에 대해 생각해보자. 그래야 단호하게 할 말을 할 수 있다. 자기주장(assertiveness)이란 열린 마음으로 솔직하게 자신의 욕구와 감정을 표현하거나 의견 또는 신념을 전달하는 능력이다. 자기주장을 하는 것은 타인의 권리와 감정뿐 아니라 자신의 권리를 존중하는 일이다. 공정하게 대우받을 권리를 지키는 일이고, 그런 태도는 가정과 직장, 사회생활 전반에 걸친 삶의 모든 부분에서 스트레스를 낮춰준다.

평소에 얼마나 자기주장이 강한가(혹은 약한가)는 사람마다 다르다. 당신은 아래 그림에서 어디에 위치하는가? 자기주장은 한 사람에게서도 다르게 나타날 수 있다. 상사에게는 자기주장을 펼치기 어려워하면서도 친구에게는 쉽게 자기주장을 펼칠 수 있다. 이처럼 이것은 고착된 성격 특성이 아니라 배우고 발전시킬 수 있는 행동 유형이라는 점을 기억하자.

자기주장이 필요한 이유

자기주장적 행동은 좀 더 견고하고 상호 지지적인 관계를 만드는 밑바탕이 되고, 그러한 관계는 스트레스에 대해 완충적 역할을 한다. 우리는 모두 타인으로부터 호감과 존중을 얻길 바라고, 그들이 나를 선하고 어울리고 싶은 좋은 사람이라고 여겨주기를 바란다. 하지만 '착함'이 지나치면 문제가 될 수 있다. 예를 들어 자신의 의견을 밝히기를 주저한다든지, 남의 기분을 상하게 하거나 실망시키고 싶지 않아서 늘 괜찮다고만 말한다면 이기적인 사람들에게 휘둘릴 수 있다. 그런가 하면 이보다 적극적인 커뮤니케이션 방법을 쓰는 사람도 자기주장 기법을 익혀두는 편이 유익할 수 있다. 예를 들면 상대에게 미칠 영향을 생각하지 않고 자신만을 위해 뭔가를 해달라고 요구하는 맹목적인 사람들을 떠올려보자. 이런 식으로 행동하면 자신이 원하는 바를 얻기는커녕 실패의 확률도 높고 인간관계마저 망칠 수 있다.

자기주장적 언어 커뮤니케이션

진심을 담아 말하는 것이 중요하다. 아래의 공식은 다른 사람과 자기주장적 소통에 도움이 된다. :

- '당신이 _____할 때'
  (사실만 고수한다. 예 나보다 목소리를 높여서 내 말을 덮을 때)
- '나는 _____한 기분이 든다'
  (감정을 표현하는 단어를 집어넣는다. 문장을 간단하게 유지한다. 예 화가 난다, 슬프다, 혼란스럽다, 짜증난다, 기분 나쁘다)
- '나는 _____ 때문에'

(당신에 관한 사실을 집어넣는다. 예 내 의견이 존중되지 않는다고 느껴지기 때문에)
- '앞으로는 _____ 했으면 좋겠다.'
  (정확한 행동을 집어넣는다. 예 내 의견에 귀 기울여주었으면 좋겠다)

자신의 뜻을 표현하기

당신이 자기주장을 펼치려고 아무리 노력해도, 상대가 당신의 권리를 존중할 생각이 전혀 없어 보이는 경우가 있다. 어쩌면 그들은 원하는 것을 얻어내려고 일부러 당신에게 압력을 행사하고, 당신의 정중한 반응을 무시하고 있는지도 모른다. 이것이 바로 공격적 혹은 수동 공격적인 행동이다.

이런 상황에 가장 적절한 접근법은 '고장 난 레코드(Broken-Record)' 기법이다. 명백한 문장 하나를 필요한 만큼 자주 반복해서 상대에게 당신의 기분이 어떤지, 당신이 원하거나 원치 않는 게 무엇인지 분명히 알려주는 것이다.

자세한 방법은 다음과 같다.

❶ 요점을 고수하고 상대의 논점에 밀려 옆길로 새지 않는다.

❷ 공감하는 발언으로 상대에 대한 존중을 보여준다 (예 '당신이 곤란한 상황임은 잘 알겠지만…').

❸ 단순한 문장으로 핵심 내용을 진술한 다음(예 '주말에 계획이 있어요.'), 표현법을 살짝 바꾸면서 그 말을 반복한다(예 '이번 주말에 이미 하기로 한 일이 있어요'). 표현에 변화를 주지 않으면 로봇처럼 기계적으로 느껴질 것이고, 상대의 말을 듣고 있지 않다는 인상을 줄 수 있다.

❹ ❸번에서 선택한 문장을 부연하고 싶은 충동을 참는다(⑩ '주말을 마음대로 보낸 적이 없고 오늘은 정말 친구를 만나고 싶어요'). 이것은 불필요한 설명이고 협상의 여지가 있다고 생각할 빌미를 줄 수 있다. 요점에서 벗어나지 말고 간단하게 말한다(⑩ '이미 선약이 있어요').

비판에 대처하기

우리는 비판을 받아들이기 어려워한다. 특히 사려 깊지 못한 비판이라면 몹시 기분이 나쁠 것이다. 그렇더라도 비판이 타당하다면 수용할 수 있어야 한다. 당연한 말이지만 당신은 완벽하지 않다. 당신은 얼마든지 실수할 수 있으며, 실수는 학습의 확실한 방법임을 기억한다. 따라서 당신에게 타당한 비판을 전해준 사람에게 '감사'를 표현해야 한다. 만약 그 비판이 타당하거나 옳은지 잘 모르겠다면 이것도 배울 기회라고 여겨라. 자신을 발전시킬 권리가 당신에게 있음을 기억한다. 비언어적 단서에 유의하면서 차분하고 개방적인 태도로 다음과 같이 물어볼 수 있다.

- 제가 어떤 식으로 업무 성과를 개선할 수 있을까요?
- 제가 이것을 개선할 방법에 관해 구체적으로 제안해주실 수 있나요?
- 당신의 조언은 소중합니다. 제가 더 나아질 수 있도록 말씀해주시겠어요?

타당하거나 옳은 비판이라면 이런 방법은 소통의 문을 여는 데 도움이 된다. 하지만 만약 그 비판이 타당하지 않다면 비판자는 도리어 당혹스러워할 수 있다.

파괴적인 비판에 대응하기

안타깝게도 비판이 항상 솔직하거나 세련된 방법으로 전달되는 것은 아니다. 파괴적인 비판에 단호하게 대응하려면 먼저 위에 소개한 질문 전략을 사용하여 그 비판이 타당하거나 옳은지 파악할 필요가 있다. 만약 상대가 제시한 추가 정보를 통해 그 비판이 그저 파괴적인 비판에 불과하다면, 이에 대해 이의를 제기한다. 이때 침착함을 유지하고 안정적인 목소리와 시선을 맞추는 등 세심하게 신경 써야 한다. 자칫 공격적인 행동을 보이지 않도록 조심한다.

파괴적인 비판에 대응하는 몇 가지 사례는 아래와 같다.

비판 : '항상 계산이 틀리시네요.'

대응 : '아니요, 항상 그렇지는 않아요. 제가 실수를 하지만 항상 틀리는 건 아니에요.'

비판 : '제시간에 오는 법이 없으시군요.'

대응 : '때때로 늦긴 하지만 매번 그러지는 않아요.' 또 다른 전략은 비판에 일부 동의하는 안개 작전(fogging)이 있다. 비판자의 말 중에 동의할 만한 부분을 찾아보고, 파괴적인 힘을 약간 무력화시키는 데 도움이 된다.

비판 : '당신은 정말 신뢰할 수 없는 사람이군요. 어제 아침에도 늦게 왔고, 그래서 당신이 필요할 때마다 자리에 있으리라 기대할 수가 없어요.'

대응 : '제가 어제 늦게 왔다는 것은 맞는 말씀이세요.' 비판의 나머지 부분에는 수긍하지 않고, 한 가지 사실에만 동의하고 있다는 점에 유의한다. 이를 통해 추가적인 커뮤니케이션을 위한 공간은 열어둘 수 있다.

자기주장 완전정복

아래 기법(필요하면 약간의 복식호흡)을 사용해 스트레스를 유발하는 불편한 대화나 상황에 앞서 마음의 준비를 한다.

- 원하는 바를 명확히 한다.
- '나는 ~ '으로 시작되는 문장을 사용하여 나에게 중요한 것을 표현한다(예 나는 ~ 필요하다, 나는 ~ 믿는다).
- 실전에 앞서, 당신이 어떤 내용을 어떤 식으로 말할지 미리 연습한다. 상대가 어떻게 대응할지 생각해본다. 당신이 원하는 바가 무엇이고, 무엇이 중요하며, 어떤 일이 일어나기를 원하는지 다시 한 번 분명하게 이야기한다.

당당하게 주장하고
논쟁하는 관계가
더 오래간다.

비언어적 커뮤니케이션

의사소통에서 가장 어렵고도 중요한 것이 바로 비언어적 커뮤니케이션이다. 우리는 무언의 신호를 끊임없이 주고받으면서 마음이 잘 전달되고 있는지, 진실을 말하는지, 그리고 얼마나 귀 기울여 듣는지 등에 대해 강력한 메시지를 보낸다.

비언어적 자기주장

표정, 손짓, 몸짓 등 이런 비언어적 신호도 강력한 소통의 수단이 될 수 있다. 그래서 자신감 넘치고 효과적인 의사소통을 위해서 비언어적 신호와 입으로 하는 말을 일치시킬 필요가 있다. 이것은 상호 신뢰를 형성하고 상대에게 당신의 뜻을 명확히 전달하며, 유대감을 높이는 데 도움이 된다. 옆쪽의 표는 당신의 이해를 높이는 좋은 출발점이 된다.

"사람들은 당신이 한 말은 잊어도 그때의 기분은 절대 잊지 않는다."

칼 W. 뷰너

	수동적	자기주장적	공격적
비언어적 행동	시선을 피함	눈을 자주 마주침, 가끔 시선을 다른 곳으로 돌림	대놓고 뚫어져라 시선을 접촉함
	몸을 움츠림(실제 체격보다 작아 보이게), 고개 숙임	몸을 똑바로 세우고, 어깨를 펴고, 상대를 직접 마주봄	바짝 다가섬(실제 체격보다 커 보이게), 양손을 허리춤에 올리거나 팔짱을 낌
	작은 목소리	적절한 목소리(너무 작지도 크지도 않음)	큰(화가 난) 목소리
	변명하듯 말함, 자주 머뭇거림, 말이 너무 느리거나 빠름	정중하지만 단호하게 말함, 서두르거나 머뭇거리지 않고 말이 유창함	공격적인 태도로 남보다 목소리 높여 말함, 주저함 없고 화가 나서 말함
	걱정스럽거나 두려움에 찬 표정	친근하거나 중립적인 표정	화난 표정
요약	생각과 기분을 솔직하게 표현하지 않아 상대가 우위를 점하도록 허용함, 남의 비위를 맞추며 갈등을 피함(예 '내가 원하는 것은 중요하지 않다, 당신이 원하는 것이 더 중요하다')	자신과 남의 권리를 모두 고려하면서 명확하고 솔직하게 자신을 표현함, 상대에게 적대적이거나 고압적이지 않은 방식으로 자기의사를 표시함(예 '우리 둘이 원하는 것이 다 중요하다')	남의 권리를 존중하지 않는 발언을 함, 남을 지배하고 그들을 패자의 입장으로 몰아넣음(예 '이것이 내가 원하는 것이고, 네가 원하는 것은 중요하지 않다')
결과 (본인/상대)	패 - 승	승 - 승	승 - 패

마음챙김 이미지 떠올리기

누구에게나 관계의 문제는 큰 골칫거리다. 그만큼 생각의 공간을 많이 차지한다. 하지만 다행스럽게도 우리는 '마음챙김'이라는 특별한 방법을 활용하여 원하는 것을 마음속에 담아둘 수 있다. 마음챙김이 어렵게 느껴진다면 수련 중에는 누구나 옆길로 빠질 수 있다는 사실을 잊지 마라. 많은 사람들이 마음챙김의 순간에 딴생각을 한다. 딴생각이 든다는 것은 마음챙김이 당신에게 맞지 않는다는 뜻이 아니다. 그것은 당신도 다른 이들처럼 내면의 비판자가 끊임없이 암약하는 평범한 사람이라는 것이다. 그것만 알면 된다.

마음챙김을 통해 '딴생각'을 인식의 대상으로 바꾸어보자. 이를 통해 그 생각들을 밀어내려고 애쓰는 대신에 조용히 가라앉게 할 수 있다. '저항할수록 끈질기게 지속된다!'는 사실을 다시 기억한다.

하늘의 구름

부드러운 잔디에 누워 하늘을 올려다보며 구름을 관찰한다고 상상해보라. 당신의 정신이 맑은 하늘, 구름이라고 상상한다. 딴생각이 떠올라 이 상상을 방해할 때마다 그 생각을 저기 저 떠가는 구름 위에 올려놓는다. 딴생각에 빠졌을 때는 자신에게 짜증을 내지 말고, 생각이 구름 위에 얹어져 흘러가는 모습을 그냥 지켜본다. '일 생각' 또는 '가족 생각' 등으로 생각에 이름을 붙여도 좋다. 그 생각이 구름 위에 얹어져 떠가는 모습을 관찰한다. 주의력이 흩어진 것을 알아차릴 때마다 미소를 짓고 머릿속에 들어온 생각을 의식하며 이 장면으로 주의를 가볍게 되가져온다.

개울의 잔물결

시원한 물이 발목 위까지 차오르고 물살이 부드럽게 흘러가는 얕은 개울에 서 있다고 상상해보자. 거기에 서 있는 동안 머릿속에 떠오르는 생각을 알아차린다.

생각이 개울 속의 잔물결이라고 상상하고, 그 생각이 지나가는 모습을 지켜본다. 생각에 빠져 함께 물살에 떠내려가지 않도록 노력한다. 생각을 따라가려는 자신을 발견할 때마다 의식을 제자리로 가져와 생각이 물살에 떠내려가는 모습을 지켜본다. 생각을 판단하지 않으려고 최선을 다하되, 그 생각이 멀리 떠내려가는 모습을 차분히 지켜본다.

숲속에 떨어지는 낙엽

상상해보라. 당신이 지금 낙엽이 떨어지는 울창한 숲에서 사방의 나무들에 귀 기울이고 있는 모습을. 그곳에 있는 동안 나무 꼭대기에서부터 살랑살랑 떨어져 내리는 노랗게 물든 나뭇잎을 찬찬히 관찰한다. 어떤 생각이 들어올 때마다 그 생각이 나뭇잎 위에 얹어져 어두운 숲의 바닥으로 떨어져 내린다고 상상한다. 떨어지는 나뭇잎을 하나하나 지켜본다. 만약 어떤 생각이 떠오르면 그 나뭇잎을 집어 들어 생각의 주제별로 쌓아둔 낙엽 더미에 얹어놓는다고 상상한다. 예를 들어 저녁으로 무엇을 먹을지에 관한 생각이 떠오르면 그 생각은 '계획 생각'이라는 낙엽 더미에 얹어놓는다. 동료에게 이메일 보내는 것을 잊지 말아야겠다는 생각이 떠오르면 '업무 생각'이라는 낙엽 더미에 얹어

마음챙김으로
딴생각을
조용히 가라앉힌다.

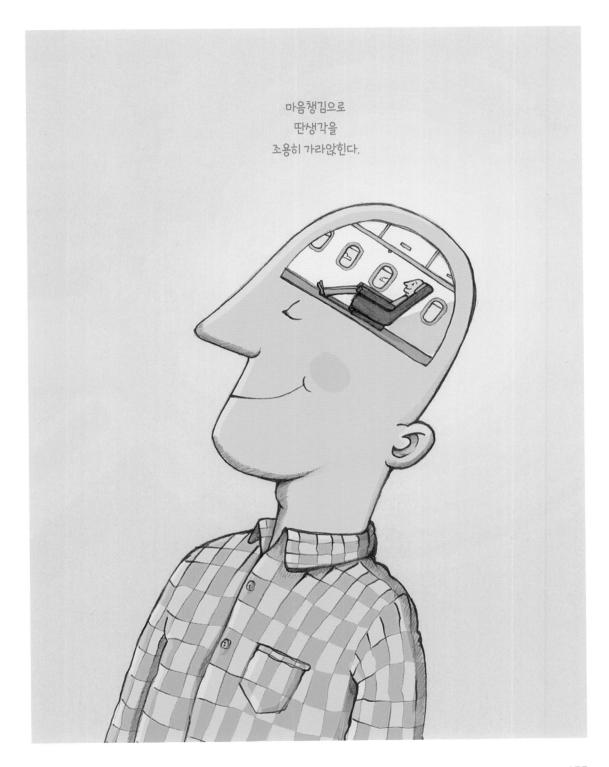

놓는다. 이렇게 생각의 나뭇잎 하나하나를 낙엽 더미에 올려놓는다. 생각 때문에 정신이 산만해진다고, 혹은 생각의 이름을 정확하게 붙였는지 잘 모르겠다고 해서 자신을 비판하지 않는다. 이름 붙이기는 생각으로부터 거리를 둘 수 있어서 상당히 유익하다. 생각에 휩쓸리지 않고 생각을 별개의 대상으로 바라보는 것이다.

어떤 사람들은 위에서 묘사한 상황을 그대로 상상하기 어려워한다. 그래도 괜찮다. 모든 것은 당신에게 맞는 활동을 찾는 하나의 과정이다. 마음챙김 명상이나 앞서 소개한 다른 활동을 시도해도 괜찮다. 핵심은 당신에게 효과적인 방법을 찾는 것이다.

연습 : 통찰 명상

이 명상은 집중력을 모아야 할 때, 마음의 중심을 잡을 수 있도록 도와준다. 통찰 명상은 변증법적 행동 치료(Dialectical Behavior Therapy)를 변형시킨 방법으로 우리 안에 있는 본연의 지혜를 이용하여 스트레스로 마음이 어지러운 가운데서도 중요한 결정을 내리도록 도와준다. 누군가에게 읽어달라고 부탁하거나 자기 목소리로 녹음 후 재생하는 방법을 추천한다.

1 넓고 맑고 푸른 호숫가에 와 있다고 상상한다. 사방은 녹음이 우거진 산으로 둘러싸여 있고, 날씨는 화창하고 아름답다. 당신의 몸이 가볍고 얇고 납작한 작은 돌멩이 조각이라고 상상한다. 당신의 몸은 제비 뜨기로 호수면 위를 몇 번 튕겨 오른 다음, 이제 고요하고 맑은 물속에 빠져 모래 바닥을 향해 천천히 부드럽게 가라앉는 중이다.

2 천천히 가라앉는 당신의 모습을 바라보면서 몸의 중심으로 깊은 호흡을 보낸다. 중심부에서 흘러나오는 평온과 이완의 물결을 느낀다. 몸통에서부터 가슴, 등, 팔과 다리까지 전신에 굽이치는 부드러운 이완의 물결을 상상한다. 그 물결이 전신의 긴장을 이완시키면서 근육이 풀리고 부드럽고 느슨해지는 것을 느낀다.

3 당신의 몸이 돌멩이처럼 호수 바닥을 향해 서서히 떨어진다고 상상할 때, 내면의 소음을 가라앉히려고 노력한다. 이때 보이고 느껴지는 것을 알아차린다. 차분함, 평온함, 편안함을 느낀다. 호수 바닥에 다다르면 고개를 들어 물 위로 저 멀리 보이는 하늘을 바라본다. 그런 다음, 주의력을 내면 깊숙이 가라앉힌다. 호수의 고요함을 알아차리듯, 내 안의 차분함과 고요함을 의식한다. 몸의 중심에 다다르면 그곳에 주의력을 안정시킨다. 주변에서 무슨 일이 일어나도 항상 내면의 평화에 다다를 수 있다는 사실을 기억한다. 알고 싶은 사실에 대한 답을 찾게 되리라 확신하면서 지금, 여기에 머문다.

"마음챙김은
부드럽게 주의를 기울이는 기술이다."

단 몇 분의 깨달음

크리에이티브 디렉터로서 대형 프로젝트를 맡았을 때의 일이다. 우리 팀은 이른 아침, 맨해튼의 미드타운에서 광고주와의 회의에 소환되었다. 까다롭고 긴장감 넘치는 회의에 가려고 나는 마음의 준비를 단단히 했다. 그날 우리는 곧 제작에 들어가는 텔레비전 광고에 사용할 음악 트랙에 대해 갑론을박 중이었다. 우리는 우리 쪽에서 선별한 '멋진' 곡을 쓰자고 최선을 다해 호소했지만, 광고주는 우리가 끔찍하다고 여기는 다른 곡을 고집했다.

결국 우리는 뜻을 관철시키지 못했다. 의기소침해져서 회사에 돌아온 후, 그 광고가 이제 얼마나 별로인지 아무나 붙잡고 한탄을 늘어놓았다. 모르는 사람이 보면 마치 광고주가 내 신장 한쪽을 빼갔는지 줄 알았을 것이다.

다음 날 아침, 커피 한 잔을 마시며 여전히 속을 끓이고 있던 나는 우연히 신문에 난 작은 기사를 보게 되었다. 어떤 여자가 공사장 인근을 지나다가 무너져 내린 벽돌담에 깔려 죽었다는 기사였다.

나는 사고 장소가 어디인지 정확히 알고 있었다. 사고 발생 20분 전, 그 어처구니없는 회의에 가기 위해 바로 그 지점을 지나갔기 때문이었다. 그 순간, 나는 갑자기 정신이 번쩍 들었다. 열차가 지연되었거나 커피를 사러 들렀거나, 누구든 아는 사람을 마주쳤더라면 나는 지금 그 기사를 읽지 못했을 것이다. 물론 이런

글을 쓰지도 못했을 것이다! 그 기사의 주인공이 바로 내가 될 수 있었기 때문이다.

그 여성의 비극적인 죽음은 나에게 몇 가지 진실을 깨닫게 해주었다.

- 인생은 잔인할 정도로 무작위적이고, 또 생각보다 짧을 수 있다는 것.
- 우리가 중요하다고 여기는 많은 것들이 사실은 중요하지 않다는 것.
- 스트레스 대부분은 자존심과 관련 있는데, 그것을 그냥 놓아버려야 한다는 것.
- 인생은 한치 앞을 모르기 때문에 그저 충만하고 평온하게, 그리고 감사하는 마음으로 하루하루를 맞이해야 한다는 것.

이 이야기에서 배울 점
인생은 '운'에 많이 의존한다. 그럼에도 최선을 다하자.

LIMITLESS
한계 없는 나

– 자신의 잠재력을 극대화하는 방법
– 무기력한 기분이 들 때 재충전하는 방법
– 회복탄력성을 키우고 활기 넘치게 사는 방법

행복에 꼭 필요한 4가지

모두가 부인하지 못할 한 가지 사실이 있다. 건강하고 행복하게 살아가려면 무엇보다 자신을 잘 돌보아야 한다는 것이다. 그런데 너무 바빠서 나를 돌볼 시간을 도무지 내지 못한다. 그런 당신이 기억해야 할 것이 있다. 당신의 하루 기분은 자신을 위해 하는 긍정적인 일과 부정적인 일에 의해 결정된다는 사실을 말이다.

아무리 바쁘거나 스트레스에 시달려도 자신에게 유익한 것이 무엇인지 구체적으로 알고 있다면 좋은 기분을 유지할 수 있다. 최상의 컨디션을 되찾고, 스트레스에 대처하기 위해 꼭 실천해야 할 기본적인 자기돌봄 4가지를 살펴보자.

규칙적인 운동

운동은 어렵게 생각할 필요 없다. 적어도 이틀에 한 번 30분씩 운동 시간을 마련해보자. 새로운 내담자를 처음 만나 운동을 하고 있는지 물어보면 대부분은 안 한다는 대답이 돌아온다. 나는 그들에게 꼭 운동을 시작하라고 말한다. 몸을 움직이면 엔도르핀이 즉각적으로 행복감을 높여주기 때문이다 (구체적인 방법은 p.142 참고).

숙면

피로해진 뇌가 스위치를 끄고, 몸이 스스로 치유하며, 정신이 복잡한 머릿속을 정리하려면 반드시 숙면이 필요하다. 숙면은 몸과 마음의 보약이다. 숙면을 위해 시간과 노력을 아낌없이 투자하라(구체적인 방법은 p.148 참고).

충분한 영양 섭취

영양은 몸 안의 건강을 채워주고 만족감까지 높여준다. 몸 안에 집어넣는 연료가 부실하면 엔진은 결국 고장이 나고 만다(구체적인 방법은 p.135 참고).

몸에 나쁜 것 줄이기

흡연, 카페인, 알코올, 약물 등 흔히 떠올릴 수 있는 나쁜 습관을 줄이거나 끊는다. 이런 물질에서 우리가 실제로 원하는 것이 무엇이고(예) 긴장 완화, 더 많은 에너지, 주의 분산), 어떻게 하면 그런 효과를 보다 건강한 것에서 얻을 수 있을지 생각해보라. 긴장이완 기법(p.89)으로 차분함을 되찾고, 운동(p.142)으로 에너지를 높이고, 마음챙김(p.70)으로 생각을 가라앉히는 방법을 추천한다.

"운동, 숙면, 영양, 마음챙김을 실천하라.
자기 자신을 아끼고 잘 돌볼수록
그 영향은 남에게도 미칠 것이다."

멋진 하루를 위해 숙면하기

운동을 매일 생활화하기

건강에 유익한 음식을 먹기

마음챙김을 보약처럼 여기기

고갈된 나를 재충전하기

스트레스에 쌓여 있거나 마음이 울적해서 아무것도 하기 싫다고 느낀 적이 있을 것이다. 그럴 때는 많이 쉬고 일을 덜 해도 어쩐지 더 피곤한 기분이 들기도 한다. 계속 그 상태로 지내다가는 부정적인 생각에 빠져버리고 기분이 나아질 만한 일도 더는 하고 싶지 않다. 처리해야 할 일이 차곡차곡 쌓이는 것은 두말할 필요도 없다. 이런 상황은 기분을 더 악화시킨다. 옆쪽의 고갈 주기(Deplete Cycle)를 경험하게 되는 것이다.

여기에 특별한 치료법이 있다. 행동 활성화(Behavioral Activation, BA)라는 심리학적 기법을 이용해서 재충전과 정상 모드로 복귀할 수 있다. 행동 활성화는 알고 보면 쉽고 명쾌한 개념이다. 옆쪽의 그림처럼 활동량을 늘려 고갈 주기에서 벗어나서 재충전 주기(Recharge Cycle)를 시작한다는 것이 핵심이다. 몸을 움직이면 즉각적으로 기분이 좋아진다. 머릿속 고민을 털어버릴 수 있으며, 상황을 잘 헤쳐 나갈 것 같은 기분이 든다. 운동이 일종의 스트레스 회로 차단기와 같은 역할을 하는 것이다. 만약 당신이 지금 스트레스에 허우적대고 있고, 간신히 살아 있는 것 같은 느낌이 든다면, 지금 당장 자리에서 일어나 움직여보라. 펄쩍펄쩍 뛰거나 제자리 달리기를 하거나, 아니면 활기차게 춤을 춰봐라. 조금 유치하게 느껴질 수 있지만 몇 분 후면 금세 몸이 긍정적인 에너지로 전환될 것이다. 활동량을 늘리면 에너지가 빠져나가는 게 아니라 오히려 더 많은 에너지를 얻을 수 있다. 계속 움직이고 싶은 의욕 또한 높아질 것이다. 단순한 동작과 복잡한 동작을 적절히 섞어서 기분을 끌어올려줄 몸 동작으로 전체적인 균형을 맞춰보라. 이를 계획표로 만들어라.

먼저 몸을 움직이는 활동으로 시작한다. 몸을 움직이면 그 자체만으로 기분이 좋아져서 다음 할 일로 넘어가고 싶은 의욕이 생긴다. 기분은 한층 고조되고, 이것은 긍정적인 추진력을 만들어서 결국 재충전의 주기로 하루를 끌어가게 된다.

여기서 정신의 유혹에 넘어가지 않도록 한다. 정신은 당신이 해야 할 일을 전부 완료할 때까지 재미있는 활동을 할 자격이 없고, 그래서 무엇도 즐겨서는 안 된다고 속삭인다. 하지만 기억하라. 놀지 않으면 바보가 된다는 사실을. 바보가 되는 데서 그치지 않고 스트레스를 받아 우울감에 빠질 수 있다. 즐거운 시간 없이 일만 계속하면 오히려 일의 성과는 적어질 수 있다. 결과적으로 자신에게 즐거움을 허락할 때보다 해내는 일도 더 줄어들 수 있다.

"기분이 울적하면 일어나서 걸어라.
어깨를 뒤로 당기고, 가슴을 펴고,
지나가는 사람들과 당당히 시선을 마주쳐라."

고갈 주기

- 스트레스가 많음, 기분이 저조함
- 피로, 에너지와 삶의 의욕이 떨어짐
- 활동량이 떨어짐. 책임을 회피함
- 죄책감, 실적과 효율이 떨어짐

재충전 주기

- 활동량이 늘어남
- 더 긍정적이고 자신감이 높아짐, 죄책감이 줄어듦
- 스트레스가 줄고 기분이 개선됨
- 동기와 에너지가 높아짐

재충전 주기의 활성화

기분 좋은 경험은 고갈된 에너지를 채워준다. 새로운 에너지를 충전하는 방법을 알아두자. 에너지 재충전 주기를 활성화하는 방법은 간단하게 두 단계로 이루어진다.

1단계 일정을 정리한다

다이어리나 노트에 일주일에 끝내고 싶은 할 일의 목록을 작성한다. 충분히 해낼 수 있지만 계속 미뤄오던 간단한 과제나 할 일을 적어넣는다(예 심부름, 약속 잡기, 반려견 산책). 아울러 좀 더 큰 목표도 몇 가지 추가한다(예 세금 관련 서류 작업 완료하기, 업무 프로젝트 마무리하기). 일주일 동안 할 일이 부담스러우면 안 되므로 너무 많은 항목을 넣지 않는다. 좀 더 큰 목표를 설정할 때는 우선순위를 고려해서 목록을 만든다.

일단 이렇게 정리해두면 한결 마음이 가벼워지고 부담감도 줄어들 것이다. 어쩐지 목록에 적어놓는 것만으로도 마치 해낼 수 있을 것은 느낌이 든다. 내 경험상 할 일을 전부 머릿속에만 담아두려고 하면 실제보다 가짓수도 더 많고 더 어렵게 느껴진다.

2단계 일과 재미 사이에서 균형을 맞춘다

실제로 지킬 수 있는 일정을 계획하려면 무엇을 해낼 수 있을지에 대해 현실적인 고민이 필요하다. 특히 재충전 주기 초반에는 더욱 그렇다. 막중한 부담감으로 실패하는 것보다 초반에 성과를 내면서 성공적으로 나아가는 편이 바람직하다. 재미있는 일에도 현실 가능하게 접근한다. 오른쪽 목록을 참고하여 할 일을 완수한 것에 대한 보상으로 당신을 즐겁게 해주거나 평소 해보고 싶은 재충전 활동을 선택한다. 예전에 즐겨했지만 '시간이 없어서' 지금은 하지 않는 활동을 해도 좋다. 재충전이 필요한 지금이야말로 바로 그 활동을 시작할 때다.

재충전 활동들

- 밖으로 나가 자연 즐기기(공원, 유원지, 시골)
- 소풍 가기 또는 친구들과 수다 떨기
- 영화 보러 가기
- 산책 나가기
- 예술작품 만들기 또는 악기 연주하기
- 여행 떠나기
- 외식하기
- 스포츠 관전하기
- 공연, 음악, 연극 관람하기
- 바닷가에 놀러 가기
- 친구나 가족과 느긋하게 즐거운 대화 나누기
- 해수욕하기
- 운동 즐기기
- 요리를 만들어 나누어 먹기
- 혼자만의 시간 즐기기
- 가족들과 시간 보내기
- 힐링 장소에 기도하러 가기
- 정원 가꾸기
- 노래를 듣거나 부르기
- 책 읽기

오감 명상

지금쯤이면 당신은 마음챙김을 즐기기 위해 꼭 결가부좌를 하지 않아도 된다는 사실을 알았을 것이다. 지금까지 소개한 다양한 마음챙김 활동 중에서 당신에게 무엇이 특히 매력적으로 다가왔는지 알아차렸기 바란다.

마지막으로 소개할 이 명상은 마음챙김이 얼마나 쉽고 자유로우며 즉각적으로 활용 가능한지를 보여준다. 이번에도 마찬가지로 아래 내용을 누군가에게 읽어달라고 부탁하거나 직접 녹음해서 재생하는 방법을 추천한다.

1 두 발을 바닥에 내려놓고 허리를 곧게 세운 채 편안하게 의자에 앉는다. 양손은 허벅지 위에 올려놓고 긴장을 풀려고 노력한다. 편안하면서도 고르게 호흡한다. 호흡을 어떻게 하고 있는지 너무 걱정하지 말고 숨이 몸으로 들어오고 나가면서 정신의 속도가 늦추어지는 것을 알아차린다. 마음이 차분해지기 시작할 때까지 1분 정도 호흡한다.

2 이제부터 오감을 하나하나 활용할 것이다. 한 가지 감각에 적어도 1분을 들인다. 시간이 많다면 더 오래 해도 좋다. 현재에 집중하고 감각 하나하나가 그 시간 동안 어떻게 과제를 수행하는지 의식한다.

- 시각 : 주변의 모든 사물에 시각적 주의를 기울인다. 모든 색깔, 모양, 물체, 질감을 알아차린다. 근사하든 초라하든, 낡았든, 새것이든 주변을 판단하지 말고 그냥 알아차린다. 주의 집중을 한 상태에서는 새로운 물체나 새로운 색조 등 전에 미처 보지 못

했던 것들이 눈에 띌 수도 있다. 다른 감각을 완전히 무시하기 어렵겠지만 보이는 것에만 집중하려고 노력한다. 그러다보면 모든 물체의 색상과 모양이 제각각이고, 빛이 비치는 방식에 따라서도 차이가 존재한다는 점을 깨닫게 된다. 당신이 할 일은 알아차리되 판단하지 않는 것이다.

- 청각 : 주변의 모든 소리에 주의를 기울인다. 그게 무슨 소리인지, 어디서 나는 소리인지 알아내려고 애쓰지 않는다. 소리는 좋은 것도 나쁜 것도 아니므로 판단하지 말고 거기에 있다는 사실만을 받아들인다. 시간이 지나면서 좀 더 미세한 소리까지 처음보다 더 많은 소리가 들릴 수 있다. 호흡을 고르게 유지하는 것을 잊지 않는다.

- 후각 : 이번에는 코에 들어오는 냄새로 주의를 집중한다. 상대적으로 더 강하게 느껴지는 냄새가 있을 수 있다. 미세한 냄새에 집중할 수 있도록 눈을 감는 것도 도움이 된다. 냄새를 판단하지 말고 그냥 의식한다. 때로는 특정한 냄새 때문에 다른 생각이 떠오를 수 있지만, 그 냄새로 주의를 다시 가져온다. 냄새의 세기나 향, 그리고 다른 특질에 집중한다. 호흡을 균일하게 유지한다.

- 촉각 : 이번에는 손이 닿는 한도에서 만질 수 있는 것들에 집중한다. 허벅지 위에 올려놓은 손으로 의

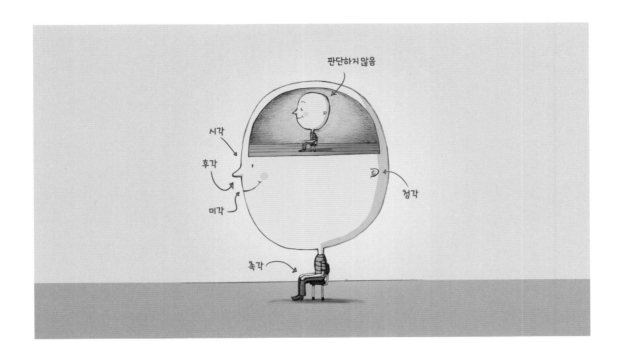

식을 가져간다. 손이 닿는 다른 표면의 감각을 알아차린다. 이를테면 옷의 직물, 허벅지의 따뜻함, 의자의 플라스틱이나 금속이 주는 차가운 감각 등이다. 발과 바닥 사이의 압력을 알아차린다. 당신이 땅과 연결되어 있음을 느끼고, 신발이나 양말, 혹은 맨발이 바닥에 닿는 감각을 느낀다. 몸의 다른 부위와 그밖에 느껴지는 다른 감각들에 주의를 기울인다. 이를테면 들이마시는 공기의 시원함과 내뱉는 공기의 따뜻함을 느껴도 좋다.

• 미각 : 마지막으로 맛에 주의를 기울인다. 입안에 넣을 음식이 없더라도 입안에 집중할 수 있다. 입안에서 맛이 느껴지는지, 아무런 맛도 느껴지지 않는지 알아차린다. 우리가 의식하지 못할 뿐 입안에서는 항상 맛이 느껴지기 마련이다. 음식이 있다면 조금 베어 문 다음, 그것이 마치 당신의 마지막 식사인 것처럼 느껴지는 모든 맛과 질감에 주의를 기울인다. 음식이 없다면 입안의 혀, 침, 숨을 내쉴 때의 호흡을 알아차린다. 혀로 치아와 뺨 안쪽을 핥아본다. 어떤 느낌이 드는가? 적어도 1분 더 호흡을 균일하게 유지한다.

3 준비가 되었으면 모든 의식을 다시 방으로 가져오고 숨을 내쉴 때마다 한층 더 몸의 긴장을 이완한다. 하루를 사는 동안 숨을 쉴 때마다 이렇게 긴장을 풀고 자신에게 몰입할 기회를 얻게 된다는 점을 기억한다. 그럼으로써 통찰 명상(p.176)도 더 잘할 수 있다. 15~20분 동안 조용히 앉아서 평온을 되찾는 시간을 가질 수 있다면 좋겠지만 반드시 그럴 필요는 없다. 이것은 마치 좋아하는 재킷을 툭 걸치듯 하루 중 언제라도 가볍게 함께할 수 있는 명상이다.

긴장감이 주는 교훈

대중 앞에서 말하기는 개심술(흉부를 절개하고 심장을 직접 열어 심장 내부를 교정하는 모든 종류의 심장 수술)과 더불어 사람들이 인생에서 가장 두려워하는 일로 상위에 오른다. 그 두려움이 스트레스로 이어진다면 아마 나는 직업을 잘못 선택한 사람이 아닐 수 없다.

2005년 내가 생애 최초로 어느 대학교의 동문회에서 기조 강연을 하기로 한 전날 밤, 공동 연사였던 고든 파커 교수님이 내게 전화를 주셨다. 그분은 호주 국민 훈장을 수상한 정신과 연구전념교수이자 블랙독연구소의 설립자이기도 하다. "안녕하세요, 궁금해할 것 같아서 말해주는 건데요, 내일 저녁 행사가 만석이래요." 나는 초조한 마음으로 물었다. "만석이면 몇 명인데요?" 그는 대답했다. "아, 대략 140명 정도요. 그런데 문제는 주최 측에서 참석 회신을 준 나머지 650명을 어찌해야 할지 모르겠다는군요."

나는 이 행사를 앞두고 이미 며칠이나 잠을 설치고 있었는데, 그 말을 듣는 순간, 상황은 완전히 새로운 차원으로 접어들고 말았다! 긴 이야기를 짧게 줄이자면 나는 큰 실수 없이 강연을 무사히 마쳤다. 끝나자마자 무대에서 얼른 내려가고 싶은 마음뿐이었지만 진행자는 나를 멈춰 세우더니 다시 무대로 불러올렸고 청중의 질문에 답변해주기를 부탁했다. 그 시점에 이르자, 나는 진행자의 말쑥한 양복과 구두에 토하지 않으려고 최선을 다해야 했다.

그날 행사 이후로 나는 누구 앞에서든 말할 수 있겠다는 자신감을 얻었다. 감사합니다, 파커 교수님! 나는 이제 거의 격주에 한 번 학계 사람들 앞에서 강연을 한다. 여전히 긴장되는 건 사실이지만, 남들 앞에 나가 말을 해야만 하는 상황에 자주 처하다보니 나는 어쩔 수 없이 스트레스를 가라앉히고 가슴 두근거림, 입 마름, 땀나는 손, 구역질 등을 예방하는 데 효과적인 습관들을 익히게 되었다. 그 습관들은 다음과 같다.

- 전날 밤 숙면하기
- 당일 아침 운동하기
- 강연 전 명상하기
- 강연 중 마음챙김하기
- 시종일관 깊고 차분하게 호흡하기

이 이야기에서 배울 점
버거워 보이는 과제를 통해 훌륭한 강점이 드러날 수 있다.

회복탄력성은 바닥에서 다시 튀어 오르는 기술이다.

회복탄력성 높이기

스트레스 재발을 줄이는 확실한 방법 중 하나는 인생의 불가피한 기복에 대비하여 회복탄력성을 키우는
것이다. 회복탄력성은 내 앞에 닥친 불확실한 위험을 극복할 수 있다는 내면의 강한 확신이다.

나는 회복탄력성이 희망을 키워주는 가장 확실한 개념이라고 생각한다. 그동안의 모든 악전고투가 헛된 일은 아니다. 그런 고생들 덕분에 미래의 불확실한 위험들이 조금은 더 견디기 쉬워질 수 있다는 의미이다. 우리는 각자 수많은 도전들을 극복해왔고, 그래서 어느 정도 회복탄력성을 이미 갖고 있으며, 그 힘을 더 발전시킬 수 있다는 가능성 또한 갖고 있다.

당신은 이 책을 읽으면서 이미 회복탄력성을 키우는 다양한 활동을 해왔다. 자신의 문제를 받아들이고, 감정을 관리하는 능력을 키우며, 스트레스의 신체적 측면을 더 잘 극복하는 방법을 배웠다.

이번에는 당신 주변 사람들과의 유대감을 높이며, 좀 더 능숙하게 스트레스를 관리할 수 있도록 도와주는 핵심적인 습관에 초점을 맞춰보자.

꿋꿋이 버텨라

때때로 상황이 힘들어지면 하루 종일 또는 일주일 내내, 아니면 그보다 더 오래 동안 스트레스가 이어질 수 있다. 지금 어려운 시기를 겪고 있다면 '이 또한 지나가리라'는 격언을 기억하자. 인생을 살면서 여러 힘든 순간을 경험했고, 당신은 그 순간을 잘 견뎌왔다는 사실을 기억하면서 이번에도 자신감을 가져라.

마음을 열고 사람들의 지지를 받아들여라

스트레스를 받거나 기분이 울적할 때는 마음의 문을 닫아걸고 싶은 유혹이 들 것이다. 하지만 그런 행동은 당신을 더욱 고립시킬 뿐이다. 친구와 가까운 사람들은 당신이 외롭다는 느낌이 덜 들도록 당신 곁을 지켜준다. 이들은 기분전환에 결정적으로 도움을 주며, 당신이 자신감을 되찾을 수 있도록 힘이 되어준다. 또한 당신이 있는 그대로의 모습으로도 당신 자신이 중요한 사람임을 깨닫게 해준다. 그러므로 아무리 힘든 모습을 보여주고 싶지 않더라도 당신이 주변 사람들의 지지를 받아들인다면 더 빨리 일어서게 될 것이다. 혼자 끙끙 앓는다고 상황이 나아지는 것은 없다. 마음을 열고 사람들의 지지를 받아들여라.

정신을 쉬게 하라

우리의 정신은 항상 분주하다. 대부분은 일부러 걱정을 만들어 하느라 하루종일 바쁘다. 하지만 지금 하는 일에 완전히 몰입하다보면 오히려 뇌에 꼭 필요한 휴식을 줄 수 있다는 사실을 기억하라! 걱정보다는 몰입이 이득이라는 말이다.

매일 푹 빠져서 매달릴 수 있는 활동을 찾아보라. 한 번 하고 싶은 일을 떠올려보자. 지금 당장 할 수 있는 일을 하나 골라보라(스트레스 상태라면 신나는 활동을 고른다). 그 활동을 시작하면 당신의 뇌는 아마 지금 해야 할 다른 일들이 많다고 푸념할 것이다. 하지만 그 말은 무시하고 하려던 활동에 완전히 몰입하라. 잘 해내야 한다거나 빨리 끝내야 한다는 걱정은 일단 놓아버려라. 그저 온전히 즐기는 것에 집중한다.

나는
키클롭스*다!

(*그리스신화에 나오는
외눈박이 거인)

어쨌든 웃어라

스트레스 상태에서 우리는 현재 상황과 자기 자신을 너무 심각하게 받아들인다. 이럴 때 유머가 필요하다. 유머는 스트레스 해독제다. 웃음은 인생에 더 중요한 것이 있음을 보여주고, 회복 불능의 과심각증에 빠지지 않도록 우리를 보호해준다. 웃음은 스트레스 호르몬의 생성을 줄여주고, 스트레스 반응을 둔화시킨다. 덕분에 우리는 새로운 관점으로 상황을 바라보고 위기에서 빠져나갈 새로운 방법을 모색할 수 있다.

잠시 휴식을 취하면서 당신을 웃게 해줄 뭔가를 찾아보자. 웃음 요가를 시도해보고, 친구에게 익살을 떨어라. 직장 동료에게 악의 없는 장난 전화를 걸어라. 무엇이든 재미있는 것을 해라.

취미를 가져라

당신의 마음을 느긋하게 해주는 것이 있는가. 기분이 유쾌해지는 취미 활동은 스트레스를 상쇄하고 재충전을 돕는다. 일상의 걱정거리를 완전히 잊어버리는 시간은 몸과 마음의 기능을 완전히 회복하기 위해서도 꼭 필요하다. 그것은 마치 뇌의 '충전' 버튼을 누르는 것과 같다. 이러한 휴식을 통해 우리는 매순간 모든 일에 집중할 필요가 없다는 것을 알게 된다.

감사하는 마음을 가져라

매사에 감사하는 사람들은 자신이 경험한 좋았던 일들에 대해서 타인의 도움을 인식하고 고마워한다. 이처럼 감사 성향이 높은 사람이 훨씬 행복한 삶을 누린다. 더 우호적이며, 성실하고, 낙관성이 높고, 외향적인 경향이 크다. 정서적으로 덜 민감해서 상처를 상대적으로 덜 받고 우울, 불안, 고독 같은 심리적인 문제도 덜 겪으며 삶에 대한 만족감이 높다. 감사 성향이 높은 사람들은 어렵고 힘든 상황 속에서도 긍정적인 특성을 찾아내고, 결국은 자기에게 유리한 방향으로 결론을 도출해내므로 훨씬 잘 견딘다.

감사는 인생을 더 아름다운 그림으로 그려준다.

자기돌봄과 보상

좋은 변화가 시작될 때, 이를 강화하려면 보상이 중요하다. 과거의 습관을 바꾼 자신에 대한 보상은 스스로를 더 가치 있는 존재로 느끼게 하고, 그 행동을 지속할 가능성을 높인다. 우리는 내일만이 아니라 오늘을 살아야 한다. 예전과 같은 방식으로 힘든 시기를 넘기지 않으려면 무엇보다 당신의 지친 몸과 마음을 풀어줄 좋은 보상이 반드시 필요하다.

다음과 같이 소박한 즐거움으로 자신에게 보상한다.

- 산책하기
- 친구 만나기
- 영화 보기
- 근사한 음식 요리하기
- 맛있는 음식 먹기
- 마사지 받기
- 배우자나 연인과 저녁 데이트 즐기기
- 가족과 시간 보내기
- 좋은 책 읽기

- 수영하러 가기
- 친한 친구에게 전화하기
- 음악 듣기
- 아무것도 하지 않기

기쁨이 찾아오면
그 기쁨을 꼭 붙잡아라

자기돌봄 계획하기

우리의 정신은 좋은 변화든 나쁜 변화든 변화라면 무조건 반대 논리를 펼치려고 든다. 변화라는 것이 일단 과거의 나에게서 멀어진다는 의미이기 때문이다. '스트레스 없이' 살아간다는 것은 '만나지 않은' 미래의 나를 선택하는 행위와 같다. 대체로 사람들은 오지 않은 미지의 것을 불안해하고 불편해한다. 때문에 스트레스가 쌓이더라도 그냥 '잘 아는' 과거의 나에 만족하려고 한다.

그렇다면 당신의 삶이 달라지지 않는 이유를 잠시 생각해보라. 지금 당신의 인생은 어떤 모습인가? 그것이 당신이 원하는 모습인가? 당신이 마땅히 누려야 할 인생이 겨우 그 정도인가? 그렇지 않다면 이제 당신은 가만히 앉아서 기다리지만 말고 행동을 시작해야 한다. 바로 당신을 위한 계획을 말이다.

자기돌봄 계획은 우리가 지금까지 살펴본 모든 스트레스 완화 기법 중에서 무엇이 나에게 가장 효과적인지 드러내는 작업이다. 그것을 계획이라고 부르는 이유는 우리가 원하는 것, 즉 스트레스 없는 상태에 도달하기 위해 무엇을 해야 할지 구체적으로 인식할 수 있기 때문이다. 자기돌봄 계획은 길이 보이지 않을 때, 믿고 의지할 수 있는 인생의 지도와 같다.

계획에 동기 부여하기

스트레스 없이 행복한 나를 만나기 위해서 먼저 다음의 사항을 기억하자.

- 방해 요인을 없앤다.
- 다른 사람들의 허락을 구하지 않는다. 당신이 잘 해내면 그들은 이해할 것이다(그리고 따를 것이다).
- 상황이 어떠해야 하는가에 대해 생각하지 말고, 지금의 상황을 그대로 받아들인다.
- 정해진 시간 동안 계획에 매진함으로써 추진력을 얻는다.
- 계획에 공을 들일수록 더 많은 성과를 얻게 된다는 사실을 인지한다.
- 만족 지연(더 좋은 보상을 위해 참고 기다림)은 무한히 더 큰 만족감으로 돌아온다는 사실을 기억한다.
- 재미있게 즐기고 노력한 자신에게 스스로 보상한다.

미래의 나를
만나러 떠나자

현실성 있는 계획 세우기

스트레스 상태로 고민 중인 내담자와 함께 정상 모드로 복귀할 방법에 관해 이야기를 나눌 때면 종종 자신의 도를 넘는 자기돌봄 계획을 세우는 사람들이 있다. 한 내담자는 일주일에 나흘 동안 회사까지 걸어서 출근하고, 사흘 동안 헬스장에 가고, 매일 오후 5시 30분에 퇴근하고, 일요일에 골프를 치겠다는 주간 계획을 세웠다. 문제는 그가 당시에 매일 밤 9시나 10시까지 일하면서 급한 대로 대충 끼니를 때우고, 운동을 전혀 하지 않고 있다는 사실이었다. 나는 좀 더 감당할 만한 목표로 시작할 것을 조언해주었다. 계획의 완수 가능성을 단계별로 나열한 '0~10의 척도'를 설명해주면서(절대 실행에 옮기지 못할 경우 0, 손목시계를 푸는 것처럼 쉬운 경우 10) 일주일에 두 차례 10분간 동네 한 바퀴를 걷는 7 정도를 목표로 삼으라고 제안했다.

여기서 몇 개의 작은 성과를 얻고 내 삶을 바꿀 수 있겠다는 희망이 생기기만 해도 성공이다. 긍정적인 마음으로 계획을 실행에 옮기다보면 자연스럽게 그 행동이 강화될 것이고, 그런 식으로 계속하면 진전을 이룰 수 있다. 간단하지 않은가. 대략 7 정도를 목표로 잡고 움직이기 시작하기 바란다. 내 손에 쉽게 넣을 수 있는 것부터 시작해야 성공이 멀지 않게 된다.

계획을 수립하는 방법

이 책에 소개된 기법 중 마음에 드는 기법들을 골라서 스트레스 관리 노트에 아래와 같은 표 형태로 나열하고, 상단에는 신체, 정신, 감정과 같이 적절한 소제목을 붙이고 위기가 찾아올 때 언제든 이 표를 참고한다. 비상시 사용할 기법들을 미리 적어놓으면 스트레스를 받기 시작할 때 무엇을 해야 할지 생각할 필요가 없어진다. 스트레스 상태에서 뇌는 인지된 위협에만 초점을 맞출 뿐, 큰 그림을 보지 않는다. 이 기법들을 매일 연습해두면 당장의 스트레스 온도를 낮출 수 있을 뿐만 아니라, 나중에 훨씬 큰 스트레스를 받는 상황에서도 더 좋은 효과를 볼 수 있다.

아래는 한 내담자가 작성한 자기돌봄 계획이다. 긴장 이완에 관해 배운 내용과 몸과 마음을 위한 활동이 골고루 섞여 있어 내담자가 균형 상태를 유지하고, 우울에서 벗어나는 과정에서 도움을 받을 수 있다.

신체 계획	정신 계획	감정 계획
복식호흡하기	IDEAL 문제 해결하기	마음챙김 호흡하기
재충전 활동하기	생각도전 코치 불러오기	스트레스 대응 선언문 사용하기
점진적 근육 이완법 사용하기	SMART 목표 계획하기	오감 명상하기
기분 좋은 경험 느끼기	생각 해체 실행하기	자기연민 실천하기
운동하기	스트레스 ABC 모형 사용하기	친절 베풀기

예전으로 돌아가지 않기

이 책을 읽은 후에도 스트레스는 다시 찾아올 것이고, 그때마다 좌절은 피할 수 없을 것이다. 하지만 그렇다고 해서 당신이 원점으로 되돌아갔다는 뜻은 아니다. 그런 일이 발생하면 그 좌절이 정말 그렇게 대단한 일인지 자신에게 물어보라. 그리고 기본으로 돌아가는 데 집중한다면 정상 모드를 되찾을 수 있다. 입꼬리를 끌어올려 살며시 미소를 짓고 당신이 이루어낸 진전을 상기하면서 그동안 배운 방법들로 다음 순간을 계획한다.

잠시 시간을 가져라

스트레스는 우리를 끊임없이 몰아붙이는 강풍과도 같다. 바람의 방향은 절대 통제할 수 없지만, 언제든 닻을 조정해 항로를 변경할 수 있다는 사실을 기억한다. 당신이 안정을 되찾고 비바람이 몰아치는 바다로 되돌아가지 않도록 방지해줄 두 가지 기법은 다음과 같다.

❶ 지금의 상황을 인정한다

(내부 세계와 외부 세계 양쪽 모두) 눈앞에 있는 현실을 받아들이는 것은 큰 이익으로 돌아온다. 수용이 포기를 뜻하는 것은 아니다. 지금 일어나고 있는 상황에 동의하거나, 그러한 상황이 괜찮다고 생각한다는 의미도 아니다. 수용은 상황을 정상 모드로 되돌리기 위한 과정의 첫 단계이다. 저명한 심리학자이자 이론가인 레슬리 그린버그 박사의 말처럼 '어떤 장소를 떠날 수 있으려면 먼저 그 장소에 도착해야 한다.' 수용과 인정은 우리가 잠시 멈추어 서서 평정심을 되찾고, 부정적인 생각의 고리를 멈추고, 문제를 효과적으로 해결하며, 지혜롭게 대응할 시간을 준다. 지금의 상황을 그냥 받아들이고 약간의 숨 돌릴 여유를 갖길 바란다.

❷ 마음챙김의 태도로 반응한다

마음챙김은 당신을 폭발하게 만드는 트리거를 파악하거나, 당신을 서서히 붕괴시키는 자잘한 요인들을 인식하는 데 정말 유익할 수 있다. 마음챙김의 태도로 반응하는 방법은 아래의 간단한 세 단계로 이루어진다.

1단계 멈추기

지금 당신에게 무슨 일이 벌어지고 있는지 의식한다. 몸은 어떤 느낌인가? 스트레스 반응의 생물학적 특성과 그로 인해 어떤 기분이 드는지를 상기한다. 느껴지는 감각을 알아차리되, 그 감각도 곧 지나간다는 사실을 기억한다. 모든 감각은 사라지기 마련이다.

2단계 호흡하기

호흡에 주의를 기울인다. 호흡의 속도를 늦추고 몇 차례 복식호흡을 시도한다. 통찰 명상 상태(p.176)에 도달하면 지금의 상황에서 빠져나갈 방법을 떠올릴 수 있다는 사실을 상기한다.

3단계 생각하기

별안간 떠오르는(대개는 도움이 되지 않고 반복적인) 생각을 의식한다. 그것은 그냥 생각일 뿐이지 사실도 명령도 아니라는 점을 상기한다. 그 생각으로 기분이 좋아지거나 나빠지는지 자문해본다.

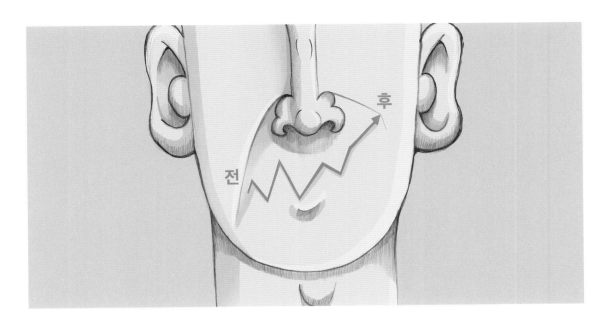

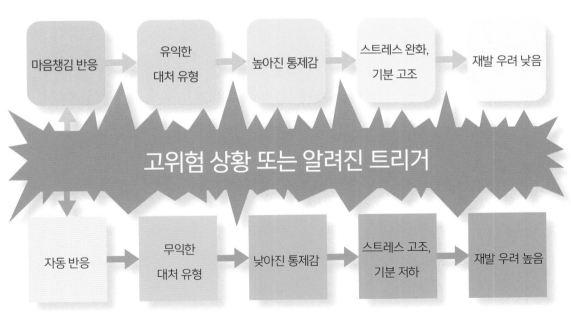

스트레스는 잘 짜인 계획을 가장 싫어한다.

좋은 경험을 계획하기

누구나 스트레스 없는 하루를 꿈꾸지만, 현실은 그렇지 못하다. 스트레스를 없앨 수 없다면 잘 다루는 것이 더 현명한 태도다. 어떻게 스트레스를 잘 다룰 수 있을까? 여기에 기분 좋은 경험을 계획하는 것이 도움이 된다.

조기 경고신호와 행동 계획

당신의 조기 경고신호가 무엇인지 이 책 앞부분에서 이미 파악했을 것이다. 나의 경우, 조기 경고신호는 동료들에게 퉁명스럽게 대꾸하는 것이다. 그때의 내 기분과 감정은 감당하기 어려운 죄책감, 후회스러움이다. 만약 당신이 자신의 스트레스 조기 경고신호를 알아차리고 미리 적절한 행동 계획을 세워둔다면 더 효과적으로 스트레스 상황에 대응할 수 있다.

행동 계획은 몇 가지 요소로 구성된다. 우선, 노트에 당신의 조기 경고신호를 적고, 각각에 대해 긍정적인 대처 전략을 떠올린다. 기분을 상쇄할 반대 행동이면 된다. 예를 들어, 고립 상태로 지내고 싶은 기분이 든다면 사람들 주변에 머물 수 있도록 하고, 슬프고 무기력한 기분이 든다면 활력을 주는 활동을 계획한다. 행동을 선택할 때는 그 행동의 장단점을 고려하는 것이 중요하다. 그래야 처음부터 노력할 마음이 든다. 언제나 시작이 가장 힘들다.

조기 경고신호	실행 계획	장점	단점
고립 상태로 지냄, 신경이 곤두서 있음, 제대로 먹지 않음	건강식 요리법을 배우는 수업에 등록	새로운 사람들을 만남, 긍정적인 상호작용, 재미있고 편안한 환경, 마음 챙김의 상태, 새로운 기술을 습득, 맛있는 음식을 먹음	수업 장소를 물색하는 노력이 필요함, 의욕 부진을 극복해야 함, 새로운 사람들과 함께 어울리기 어색함
작은 일도 감당하기 어려움, 운동하지 않음, 잠을 못 잠	구조 동물 산책 자원봉사	활동적으로 몸을 움직임, 신선한 공기, 운동, 하루 걸음 수를 채움, 동물들을 만나고 새로운 사람들과 어울림, 좋은 일을 함	너무 바쁘다고 생각함, 동물에게 지나친 애착을 갖게 됨, 사나운 동물을 만남

좋은 경험을 계획하는 방법

스트레스가 스멀스멀 나타나려고 하거나 스트레스 온도가 높아가는 순간, 그 무시무시한 부정적 고리를 피하는 방법은 아주 간단하다. '지금 이 순간'을 경험하는 방식을 바꾸는 것이다. 나쁜 경험에는 좋은 경험으로 대응할 수 있다. 기억의 순서를 바꾸는 것이다. 아래의 두 단계를 실천하는 것을 제안한다.

❶ 기분 좋은 일을 하나 고른다. 거창한 것이 아니어도 괜찮다.
❷ 그 경험을 세세하게 음미한다.

큰 파도가 일기 전에 전조 현상을 안다면 태풍의 피해로부터 벗어날 수 있다. 스트레스도 마찬가지다. 몇 가지 당신의 스트레스 조기 경고신호가 나타나고 있다면 적어도 하루에 한 가지씩 기분 좋은 경험을 계획하여 스트레스와 반추의 끈질긴 유혹에서 벗어나도록 한다. 너무 바쁘거나 스트레스가 강력해서 아무것도 할 수 없다고 포기하지 않는다. 힘들 때일수록 자신을 위한 시간을 더 적극적으로 계획한다. 당신이 어떤 순간에 기분이 좋아지는지를 떠올려보고, 그것을 적극적으로 하나씩 행동으로 옮겨보라. 그리고 아래와 같이 간단하게 그 기분 좋은 경험을 기록한다.

*"좋은 기분이란 우리의 몸과 마음이
조화롭게 균형을 이룬 상태를 말한다."*

기본 좋은 경험을 정리하는 법			
경험을 서술하기	몸에서 어떤 변화를 알아차렸는가?	느낌, 생각, 기분을 서술하기	무엇을 배웠는가?
월요일 퇴근 후 집으로 걸어오는 길에 걸음을 멈추고 공원에 앉아 있었다. 신발을 벗고 발가락 사이로 잔디의 감촉을 느끼면서 새들이 뛰놀고 지저귀는 모습을 그냥 지켜보았다.	얼굴의 긴장이 풀어졌다. 뭉쳤던 어깨가 편안해지고 전반적으로 가벼워지는 것을 느꼈다. 얼굴에 살짝 미소가 번졌다.	가벼움, 편안함, 안도감. '인생은 그렇게 나쁘지 않다. 자연이 경이롭지 않은가? 해는 계속 뜨고 질 것이고, 힘든 날에도 새들은 여전히 노래할 것이다.'	긴장을 풀고 평온을 되찾기는 무척 쉽다. 그래야 한다는 사실만 잊지 않는다면!

지금 이 순간의 경험을
최대한 긍정적으로 느낀다

살다보면 어쩔 수 없는 일도 생긴다.
그럴 때는 맞서 싸우지 않고
받아들이는 것이 더 현명하다.

내가 나 자신을 위하지 않는다면,
누가 나를 위할 것인가?

Goodbye Stress

"자기 호흡으로 살면
누구도 당신의 평온을 빼앗아갈 수 없다."

남이 아닌
자기 자신의 호흡으로 살아라

스트레스는 저절로 사라지지 않는다

나는 원래 곱슬곱슬한 암갈색 머리였지만 이제는 재를 아직 떨지 않은 담배꽁초 모양의 머리가 되었다. 유전과 노화의 영향도 얼마쯤 있었겠지만 사실 내 머리카락은 30대 어느 한 해 동안 급속히 새하얗게 변해버렸다. 오랫동안 쌓여온 스트레스가 원인이었고, 그 대부분은 내가 스스로 불러온 것이었다.

광고업체의 미술감독으로 일을 시작한 후 3년쯤 지나니, 나는 스트레스를 받는다는 것이 어떤 의미인지 생생하게 경험할 수 있었다. 매순간 신경을 곤두세워야 하는 업무 특성이 여기에 한몫했지만, 내가 완벽주의자라는 사실도 중요한 원인이었다. 물론 적잖이 스트레스도 얼마쯤 필요하고, 완벽주의가 꼭 나쁘다고 볼 수 없다. 성과에 대한 자부심을 느끼게 하고, 일에 대한 의욕을 불러일으키며 나의 강점도 돋보이게 해주기 때문이다. 문제는 늘 그렇듯이 스트레스가 수습이 불가능할 만큼 과도했을 경우다. 나는 항상 결과에 실망하다보니 남들이 일을 잘 해낼 거라고 믿지 않았고, 그래서 더 높은 기준을 내세워야 했다. 미술감독은 가장 최근에 만든 광고로 평가받는다는 나의 믿음이 모든 일을 치열하게 받아들이게 했다.

스트레스로 절어 있던 시절, 밤에 제대로 잠도 이루지 못한 적이 많았다. 잠을 자다가도 팔뚝에 차가운 철사를 휘감은 듯한 느낌이 들었고, 산발적인 섬광이 눈앞에서 보이는 것 같기도 했다. 그때 이후로 나는 스트레스가 다양한 방식으로 발현된다는 사실을 체험했다. 이러한 극심한 스트레스를 적절히 치료하지 않으면 우울증이나 불안과 같은 중대한 정신건강의 문제로 이어질 수 있다는 사실도 알게 되었다. 당연히 신체 건강에도 좋을 리 없다.

나의 형제 중 한 명은 정신과 의사이고, 다른 한 명은 심리학을 전공했으니, 나는 좀 더 현명하게 대처했어야 했다. 하지만 어쨌든 혼자서 이겨내야 한다는 자존심 때문에, 그리고 몸담은 업계의 속성상 나는 스트레스를 꾹 참고 억누르며 일과 술에 빠져서 생활했다. 내가 '셀프 유흥'이라 부르던 방법들은 긴장을 풀고 고통을 누그러뜨리는 데 도움을 주었지만, 효과는 일시적이었다. 자신을 잘 돌보지 못한 탓에 결국 나는 지독한 우울감에 빠지고 말았다. 그때부터 다른 사람들도 나와 같은 함정에 빠지지 않도록 돕기 위해 이를 주제로 가르치는 일에 나의 인생을 걸기로 했다.

스트레스 문제에서 무엇보다 예방이 가장 좋은 치료라고 믿는다. 나는 이런 믿음으로 이 책을 썼다. 이 책은 스트레스가 무엇이고, 무엇이 스트레스 완화에 도움을 주는지 과학적 근거를 바탕으로 설명하고 있다. 특히 마음챙김(Mindfulness)이 스트레스 완화에 얼마나 효과적인지도 다양한 기법을 통해서 보여준다. 또 내가 그린 그림으로 책 읽기의 스트레스를 최소화하려고 노력했다. 스트레스와 관련하여 개인적인 이야기들은 'Relax 일상 속 스트레스 수업'을 통해 소개했다.

지금도 스트레스가 당신의 일상을 장악하고 있다면, 그냥 무시하지 않기를 바란다. 스트레스는 저절로 없어지지 않는다. 이제부터 당신에게 귀 기울이고, 당신을 위한 삶을 시작하라. 당신 자신의 호흡으로 살면 누구도 당신의 평온을 빼앗아갈 수 없다. 제아무리 강력한 스트레스라고 해도 말이다.

매튜 존스톤

삶의 균형을 회복하기 위하여

스트레스는 평생 나에게 걱정, 두려움, 불안, 슬픔, 심지어 우울이라고 표현할 만한 쓰디쓴 경험을 주었다. (당신도 마찬가지지만) 내 인생의 중요한 의사결정과 대처방식은 당시에 겪는 스트레스를 중심으로 이루어져왔다. 예를 들어, 성인이 된 후 나는 스트레스가 많은 직업을 연달아 선택했었다. 대학에 갈 돈을 벌기 위해 건축 현장에서 위험한 임무를 맡아 장시간 일했고, 90년대 후반과 2000년대 초반, 증권 중개인 겸 선물 거래인으로 활동했으며, 빡빡한 대기업에서 지나치게 열성적이지만 아는 건 별로 없는 경영진과 함께 일한 적도 있었다. 오랜 시간 쌓인 직업 스트레스는 건강에 악영향을 끼쳤다. 나는 그 시간의 고통을 과소평가하고 회피하면서 평범한 방법들로 극복하려고 애썼을 뿐이다. 그렇지만 가장 극심한 스트레스를 겪은 시기는 내가 진심으로 좋아하는 심리학을 공부하던 때였다. 나 스스로 택한 '내적 스트레스'에 떠밀린 탓인지 분명 기쁜 일이어야 했지만 실은 그렇지 못했다. 나는 임상석사 학위를 위해 풀타임으로 공부를 하는 한편, 연구실에서 박사 논문을 쓰고 파트타임으로 일까지 했다. 내 평생 가장 바쁜 시기였고, 솔직히 말해 몸이 부서질 지경이었다. 내 안의 뭔가가 달라졌고 몸이 예전과 같지 않았다. 나는 회복을 위해 2주간 '응급 휴식'까지 취해야 했다. 당시에는 아무도 눈치 채지 못했지만 내 상태는 정말 엉망진창이었다.

이후 나는 정신건강 연구원 겸 임상심리학자로 일하면서 스트레스가 우리의 몸과 마음, 행동에 정확히 어떻게 영향을 끼치는지 누구보다도 잘 이해하게 되었다. 세포가 분해되거나 뇌의 중요 부위가 수축되고 약해지는 것 등 지속적인 스트레스의 생물학적인 영향을 연구해온 덕분이다. 아울러 나는 먹거나 자거나 집중하거나 결정을 내리거나 업무를 수행하지 못할 정도로 심각한 스트레스 상태에 놓인 내담자들을 치료해왔다. 이들 중에는 집밖으로 나갈 수조차 없을 만큼 심각한 상태인 사람들도 있었다.

인생은 스트레스를 어떻게 관리하는가에 따라 얼마든지 다른 길을 갈 수 있다. 이 책에 소개된 스트레스 완화 기법들을 충실히 사용한다면 당신은 건강을 되찾고 만족스러운 삶의 균형을 유지할 수 있다. 그 과정에서 우리는 당신이 스트레스의 트리거와 징후를 인식하고, 지속가능한 계획을 수립함으로써 일상에서 활력과 행복을 되찾을 수 있도록 도울 것이다.

나의 파트너 매튜와 나는 블랙독연구소(Black Dog Institute, 우울, 불안, 양극성 장애와 같은 기분 장애의 진단, 치료, 예방을 위해 2002년 호주 시드니에 설립된 비영리 연구소)에서 함께 일한 이후로 줄곧 아이디어를 공유하고, 강연 무대에 함께 오르며 허물없이 지내온 사이다. 나는 강연에서 매튜의 그림을 자주 활용하는데, 사람들은 그 그림이 얼마나 마음에 와 닿았고, 누군가가 자신의 경험을 이해해준다는 게 얼마나 큰 의미인지 잊지 않고 감사해한다. 그는 나에게 끊임없이 영감을 주고 나를 놀라게 하는 비범한 재능의 소유자다.

이 책은 최고의 스트레스 관리 기법을 총망라한 행복한 삶을 위한 계획서이다. 물론 이 책을 통해 당신이 신체적, 심리적 자원을 다 써버리기 전에 스트레스 징후를 관리하고 완화하는 것에 도움이 되기를 바란다.

마이클 플레이어

마지막 한마디

이제 작별할 시간이 되었다. 앞에서 말한 것처럼 민감해진 신경은 스트레스에 과장된 방식으로 반응하여 몸에 더 강렬한 감정, 기분, 감각을 불러일으킨다. 현대인의 생활에 늘 함께하는 두려움과 긴장은 우리가 이렇게 과장된 방식으로 반응하도록 신경을 자극한다. 결국, 스트레스 경로는 더 강화되고, 그 영향으로 우리 몸과 마음은 소진되고 만다.

하지만 저항의 몸부림을 멈추고 상황을 있는 그대로 받아들이며 통제할 수 없는 부분을 인정한다면 뜻밖의 반전을 맞이할 수 있다. 즉 이 어려운 딜레마를 푸는 데 뇌의 도움을 얻을 수 있고, 몸의 긴장을 누그러뜨려 '나는 괜찮아' 모드에 진입할 수 있다. 아주 멋지지 않은가.

스트레스 완화 기법 중 일부는 약간 낯설게 느껴질 수도 있지만, 그렇다고 해서 그 기법이 나쁘거나 효과를 발휘하지 못한다는 의미는 아니다. 뇌 안에 새로운 경로가 만들어지기만 하면 된다. 그렇게 되면 그 기법들이 자연스럽게 느껴질 것이고, 몸과 마음의 반응 방식이 달라져서 스트레스와 영원히 작별할 수 있다!

그동안 우리와 이 여정을 함께 해줘서 진심으로 감사하다.

굿바이 스트레스

굿바이 스트레스

개정판 1쇄 인쇄 2021년 6월 10일
개정판 1쇄 발행 2021년 6월 20일

지은이 | 매튜 존스톤, 마이클 플레이어
옮긴이 | 강유리

펴낸이 | 성미옥
펴낸곳 | 생각속의집

출판등록 2010년 5월 18일 제300-2010-66호
주소 | 서울시 종로구 혜화동 53-9, 1층
전화 | (02)318-6818 팩스 | (02)318-6613
전자우편 | houseinmind@gmail.com

블로그 | naver.com/houseinmind
페이스북 | facebook.com/healingcafe
인스타그램 | instagram.com/houseinmind

ISBN 979-11-86118-47-4 03180